Couture créative

Lisa Sanchís

Mes livres en tissu

6 modèles tout doux à coudre pour les petits

Illustrations : Lisa Sanchís
Photographies : Régis Baudonnet
Stylisme : Sylvie Beauregard

MANGO PRATIQUE

CORTAL
UR
200
METRES

sommaire

*Les termes suivis d'un astérisque dans le texte**
sont expliqués dans le lexique page 92.

Niveau de difficulté

★☆☆ Facile
★★☆ Moyen
★★★ Difficile

Premières découvertes

Petit concentré d'arc-en-ciel, le premier livre de Bébé est riche en surprises. Il développera son sens du toucher au contact de matières différentes et des petites étiquettes qu'il se fera un plaisir de manipuler. En grandissant il apprendra à nommer les couleurs et les formes.

Chemin de fer

PAGE 1

PAGES 2-3

PAGES 4-5

PAGES 6-7

Explications

Matériel

- 50 x 24 cm de tissu à motifs multicolores (couverture), reprenant si possible les 6 couleurs du livre
- 6 tissus unis (pages) : 4 fois 25 x 24 cm en orange, jaune, vert et bleu ; 2 fois 26 x 24 cm en rouge, violet (en variant les matières : suédine, éponge, vinyle, velours, satin, jersey, vous pouvez aussi utiliser de la fourrure, du lin etc.)
- 6 chutes de tissu à motifs (appliqués) : vert, bleu, violet, rouge, orange, jaune (choisissez de petits motifs simples pour ne pas nuire à la lisibilité de la forme dans laquelle ils seront découpés)
- Fils à coudre assortis : 6 couleurs, 1 blanc (montage)
- 6 rubans de 15 cm, en 1,5 cm de large : rouge, orange, jaune, vert, bleu, violet (en variant les matières : satin, velours, sergé de coton etc.)
- 50 x 24 cm (couverture) et 48 x 24 cm (double page) de ouatine ou de polaire
- Colle pour tissu (uniquement si vous utilisez du vinyle)

Patrons page 80

Montage

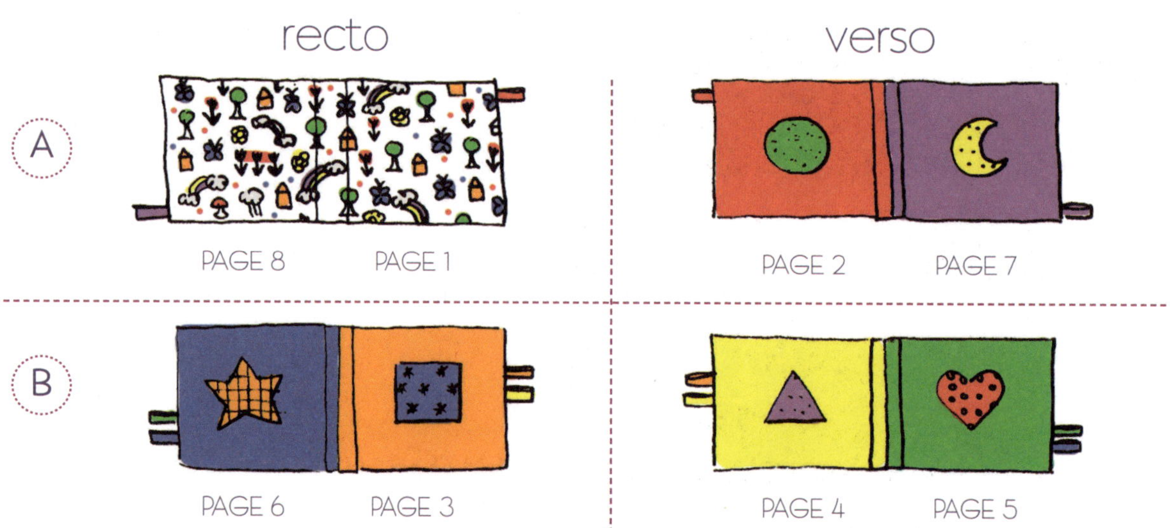

Prenez le temps de visualiser le chemin de fer* du livre (photographies et schéma 1). Et reportez-vous au schéma de montage* du livre ci-contre : le livre est composé de deux doubles pages recto verso (A et B) fixées ensemble par une couture centrale. Les pages seront dans l'ordre après assemblage.

1

Préparation

Marquez à la craie de couturière un trait à 1 cm des bords de tous les tissus, il vous servira de repère pour bien centrer l'appliqué dans la future page. Les rectangles de tissu rouge et violet font 1 cm supplémentaire en largeur afin de prendre en compte l'épaisseur du livre une fois monté (voir Marges de couture page 94).

Réalisation de A

Recto

Épinglez le morceau de ouatine de 50 x 24 cm sur l'envers du tissu à motifs multicolores. Il donnera du moelleux et un léger volume au livre.

Verso

Épinglez, endroit contre endroit, les rectangles de tissu rouge et violet (pages 2-7). Piquez à 1 cm du bord un des petits côtés de 24 cm. Ouvrez les réserves de couture au fer (si la matière le permet) et retournez sur l'endroit : le tissu rouge à gauche, le tissu violet à droite comme sur le schéma 2.

Reportez le patron du cercle sur la chute de tissu à motifs vert et celui de la lune sur la chute de tissu à motifs jaune. Découpez les deux pièces à appliquer sans marge de couture. Épinglez le cercle au centre du tissu rouge et la lune au centre du tissu violet et piquez les bords au point zigzag serré avec les fils à coudre assortis (voir Coudre des appliqués de tissu page 95).

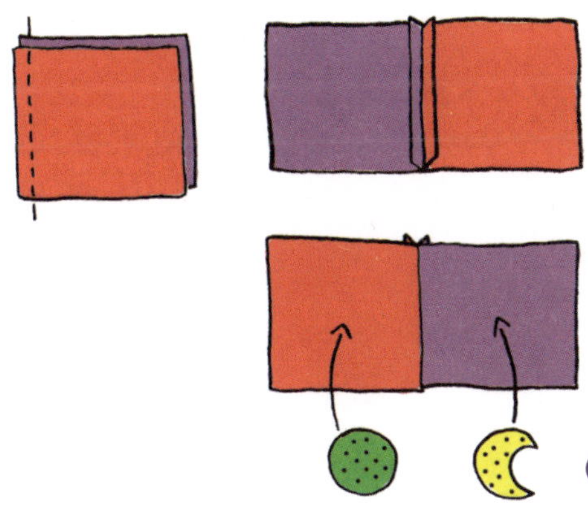

2

Assemblage du recto et du verso

Superposez, endroit contre endroit, le tissu à motifs multicolores doublé de ouatine (pages 8-1) et l'assemblage des tissus rouge et violet (pages 2-7) et épinglez-les. Reportez-vous au schéma 3 pour déterminer les emplacements des rubans et marquez ces emplacements à la craie de couturière : le ruban rouge à l'emplacement n°1 sur le tissu rouge, le ruban violet à l'emplacement n°12 sur tissu violet. Pliez en deux chaque ruban. Insérez-les entre les deux tissus, en laissant leurs extrémités dépasser de 2 cm et épinglez-les (schéma 4). Piquez sur le tracé en ménageant une ouverture de 5 cm. Crantez les angles (voir page 95), retournez sur l'endroit et fermez l'ouverture à points glissés.

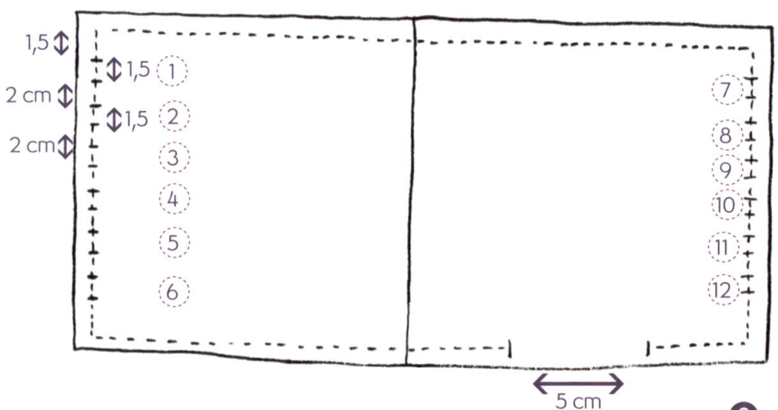

3

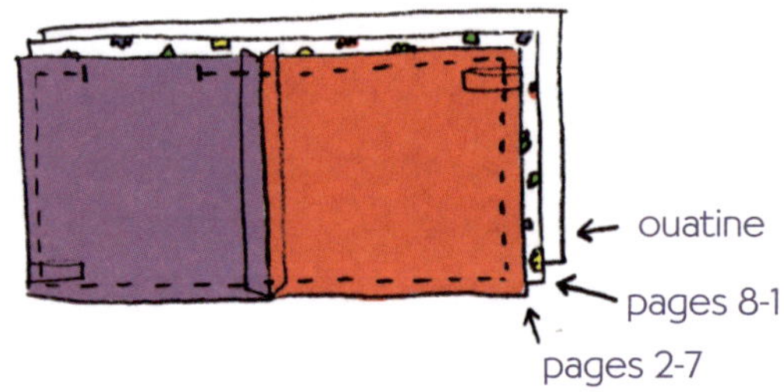

4

Réalisation de B

Recto

Épinglez, endroit contre endroit, les rectangles de tissu bleu et orange (pages 6-3). Piquez à 1 cm du bord un des petits côtés de 24 cm. Ouvrez les réserves de couture au fer (si la matière le permet) et retournez sur l'endroit : le tissu bleu à gauche, le tissu orange à droite comme sur le schéma de montage.

Reportez le patron de l'étoile sur la chute de tissu à motifs orange et celui du carré sur la chute de tissu à motifs bleu. Découpez les deux pièces à appliquer sans marge de couture. Épinglez l'étoile au centre du tissu bleu et le carré au centre du tissu orange et piquez les bords au point zigzag serré avec les fils à coudre assortis. Reportez-vous au schéma 3 pour déterminer les emplacements des rubans et marquez ces emplacements à la craie de couturière : le ruban bleu à l'emplacement n°5 sur le tissu bleu, le ruban orange à l'emplacement n°8 sur le tissu orange. Pliez en deux chaque ruban et épinglez-les sur l'endroit, en laissant leurs extrémités dépasser de 2 cm.

Épinglez le morceau de ouatine de 48 x 24 cm sur l'envers de l'assemblage.

Verso

Épinglez, endroit contre endroit, les rectangles de tissu jaune et vert (pages 4-5). Piquez à 1 cm du bord un des petits côtés de 24 cm. Ouvrez les réserves de couture au fer (si la matière le permet) et retournez sur l'endroit : le tissu jaune à gauche, le tissu vert à droite comme sur le schéma de montage.

Reportez le patron du triangle sur la chute de tissu à motifs violet et celui du cœur sur la chute de tissu à motifs rouge. Découpez les deux pièces à appliquer sans marge de couture. Épinglez le triangle au centre du tissu jaune et le cœur au centre du tissu orange et piquez les bords au point zigzag serré avec les fils à coudre assortis.

Reportez-vous au schéma 3 pour déterminer les emplacements des rubans et marquez ces emplacements à la craie de couturière : le ruban jaune à l'emplacement n°3 sur le tissu jaune, le ruban vert à l'emplacement n°10 sur le tissu vert. Pliez en deux chaque ruban et épinglez-les sur l'endroit, en laissant leurs extrémités dépasser de 2 cm.

Note : si vous avez utilisé du vinyle comme c'est le cas ici pour le tissu jaune, collez la pièce à appliquer avec de la colle pour tissu, avant de piquer au point zigzag, car le vinyle est difficile à manipuler à la machine à coudre.

Assemblage du recto et du verso

Superposez, endroit contre endroit, l'assemblage des tissus bleu et orange (pages 6-3) et l'assemblage des tissus jaune et vert (pages 4-5) et épinglez-les. Épinglez le morceau de ouatine de 48 x 24 cm sur l'envers de l'assemblage bleu et orange. Piquez sur le tracé en ménageant une ouverture de 5 cm (schéma 5).

5

Crantez les angles, retournez sur l'endroit et fermez l'ouverture à points glissés.

Assemblage de A et B (reliure)

Superposez les deux doubles pages en plaçant le verso de A (pages 2-7) contre le recto de B (pages 6-3) comme sur le schéma 6. Épinglez-les ensemble et faites deux piqûres verticales, à 1 cm en partant du centre (schéma 7). Prenez garde à la couleur de votre fil à coudre : blanc sur la couverture, jaune ou vert à l'intérieur du livre.

6

7

L'album de bébé

Voici un petit livre indispensable pour ne jamais quitter des yeux sa petite famille. Tout le monde est réuni autour de Bébé : le papa, la maman, le frère et la sœur, sans oublier les animaux de la maison ! Vous pouvez le personnaliser en ajoutant les grands-parents, les petits cousins et pourquoi pas le canari ?

Chemin de fer

PAGE 1

PAGES 2-3

PAGES 4-5

PAGES 6-7

Explications

Matériel

• 50 x 33 cm (couverture) et 9 x 8 cm (languette) de tissu uni vert anis

• 6 tissus unis : 4 fois 25 x 33 cm en rouge, orange, bleu, rose ; 2 fois 26 x 33 cm en violet, vert (pages) ; 6 fois 6 x 7 cm de chaque couleur et une fois 12 x 15 cm en orange (étiquettes)

• 7 chutes de tissu à motifs (appliqués). Choisissez des couleurs qui s'accordent bien avec les tissus unis et des motifs en rapport avec le sujet sur lequel il sera appliqué : bavoir, cravate, jupe etc.

• 60 x 60 cm de feutrine blanche (silhouettes)

• Fils à coudre assortis : 7 couleurs, 1 blanc (silhouettes et montage)

• 50 x 33 cm (couverture) et 48 x 33 cm (double page) de ouatine ou de polaire

• 30 cm de cordon orange

• 40 cm de cordon bleu

• 1 carré de velcro orange, de 2 cm de côté

• 50 x 30 cm de PVC transparent

Patrons pages 81-85

Montage

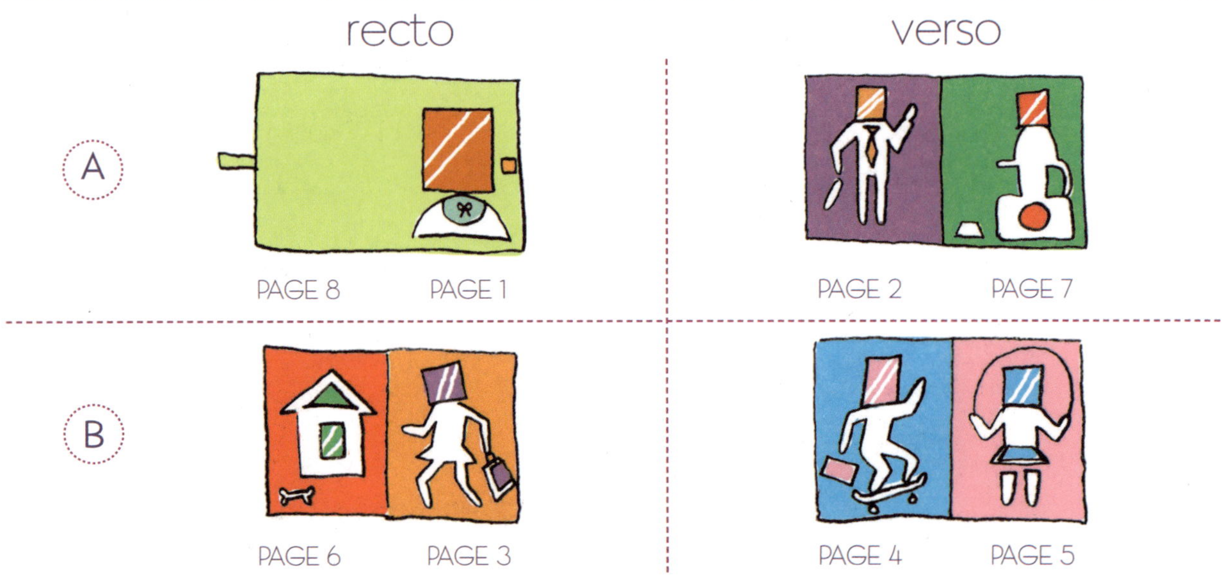

Prenez le temps de visualiser le chemin de fer* du livre (photographie et schéma 1). Et reportez-vous au schéma de montage* du livre ci-contre : le livre est composé de deux doubles pages recto verso (A et B) fixées ensemble par une couture centrale. Les pages seront dans l'ordre après assemblage.

Réalisation des 3 doubles pages

Assemblage

Marquez à la craie de couturière un trait à 1 cm des bords de tous les tissus, il vous servira de repère pour bien centrer l'appliqué dans la future page. Les rectangles de tissu violet et vert font 1 cm supplémentaire en largeur afin de prendre en compte l'épaisseur du livre une fois monté (voir Marges de couture page 94).

Épinglez, endroit contre endroit, les rectangles de tissu formant les doubles pages du livre en suivant le schéma de montage : violet et vert (verso de la couverture), rouge et orange, bleu et rose. Piquez un des grands côtés de 33 cm, à 1 cm du bord. Ouvrez les réserves de couture au fer et retournez sur l'endroit en plaçant chaque couleur comme sur le schéma de montage (schéma 2).

❶

❷

Silhouettes en feutrine

Reportez les patrons des silhouettes et de leurs accessoires sur la feutrine blanche, reportez également l'emplacement des appliqués avec un crayon de couturière effaçable. Découpez les pièces sans marge de couture. Épinglez-les en les centrant dans la page, en prenant garde de laisser un emplacement vide pour la pochette photo. Piquez à 3 mm des bords avec le fil à coudre blanc (voir Coudre des appliqués de feutrine page 95) et schéma 3. Pour la silhouette de la fillette, placez les extrémités du cordon bleu sous la feutrine au niveau des bras, avant de piquer les bords puis maintenez le haut du cordon bleu par un point de couture.

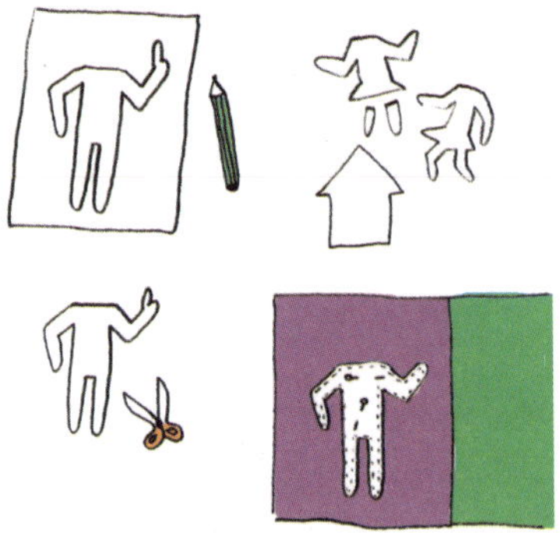

3

Pochettes et appliqués en tissu

Reportez le patron des appliqués sur vos chutes de tissu à motifs. Découpez-les sans marge de couture et épinglez-les sur les feutrines aux emplacements indiqués. Épinglez également les rectangles de tissu uni de 6 x 7 cm pour former les pochettes. Piquez les bords au point zigzag serré avec les fils à coudre assortis (voir Coudre des appliqués de tissu page 95).

Découpez 6 rectangles de 8 x 9 cm dans le PVC : ils doivent être plus grands que les pochettes car le PVC glisse à la machine. Posez-les sur chaque pochette et piquez au point droit à 2 mm des bords, en laissant ouvert le haut (schéma 4). Coupez le PVC à 1 mm de la piqûre et sur le haut.

4

Pour le bébé de la couverture, procédez de la même façon avec le tissu uni orange de 12 x 15 cm. Faites un nœud avec le cordon orange et fixez-le au centre du bavoir en appliqué. Cousez le velcro en le centrant en largeur à 3 cm du petit côté droit (schéma 5).

Note : Il ne faut glisser les photos dans les pochettes qu'une fois le livre terminé car elles risqueraient d'être abîmées au moment de l'assemblage des pages.

5

Assemblage du recto et du verso de B

Superposez, endroit contre endroit, l'assemblage des tissus rouge et orange (page 6-3) et et des tissus bleu et rose (4-5) et épinglez-les. Épinglez le morceau de ouatine de 48 x 33 cm sur l'envers de l'assemblage des tissus rouge et orange (schéma 6). Il donnera du moelleux et un léger volume au livre. Piquez sur le tracé en ménageant une ouverture de 5 cm. Crantez les angles (voir page 95), retournez sur l'endroit et fermez l'ouverture à points glissés.

6

Languette de la couverture

Pliez le rectangle de 9 x 8 cm de tissu uni vert anis en deux dans le sens de la largeur, envers contre envers. Marquez à la craie l'emplacement du velcro en le centrant en largeur et à 1,5 cm d'un des petits côtés. Dépliez et cousez le velcro. Pliez de nouveau le rectangle en deux, cette fois endroit contre endroit. Piquez à 5 mm, en laissant libre le bas. Crantez les coins et retournez sur l'endroit (schéma 7).

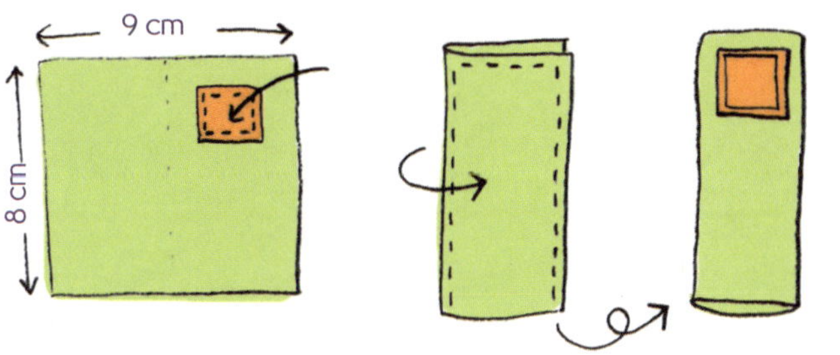

7

Assemblage du recto et du verso de A

Superposez, endroit contre endroit, le rectangle de tissu vert anis (pages 8-1) et l'assemblage des tissus violet et vert (pages 2-7 et épinglez-les. Épinglez le morceau de ouatine de 50 x 33 cm sur l'envers de l'assemblage des tissus violet et vert. Insérez la languette entre les deux doubles pages, côté velcro vers vous : centrez-la en largeur sur le petit côté droit. Laissez dépasser son extrémité de 2 cm (schéma 8). Piquez sur le tracé en ménageant une ouverture de 5 cm. Crantez les angles, retournez sur l'endroit et fermez l'ouverture à points glissés.

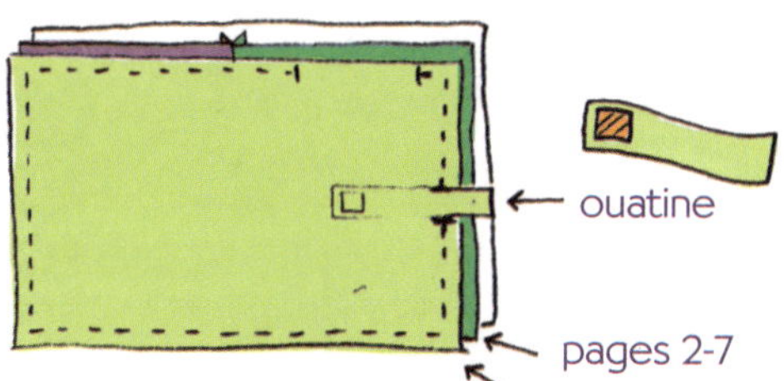

8

Assemblage de A et B (reliure)

Superposez les deux doubles pages en plaçant le verso de A contre le recto de B (schéma 9). Épinglez-les ensemble et faites une piqûre verticale au centre, le long de la couture d'assemblage avec le fil à coudre blanc.

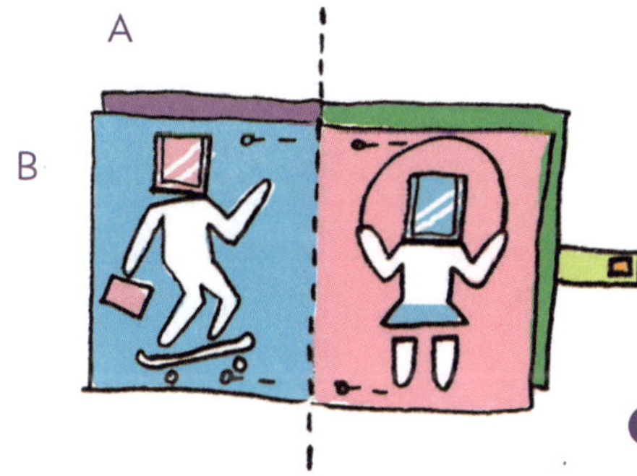

9

L'album est terminé, il ne reste plus qu'à y glisser les photos, en les redécoupant au format 5,5 x 6,5 cm (schéma 10).

10

L'album de bébé est un exemplaire unique, personnalisable à l'infini : libre à vous d'inventer d'autres silhouettes, d'ajouter des pages pour papi et mamie ! Il vous suffit de vous reporter aux explications des livres de 10 ou 12 pages (voir page 93).

Méli-mélo

Qui n'a jamais rêvé de mélanger une sirène avec un calamar, un champignon avec une fusée ou un jongleur avec la tour Eiffel ? Laissez parler l'imagination de votre petite tête blonde, il s'amusera à trouver toutes les combinaisons possibles.

POLIZEI

Chemin de fer

PAGE 1

PAGES 2-3

PAGES 4-5

PAGES 6-7

PAGES 8-9

PAGES 10-11

Explications

Matériel

- 48 x 32 cm de tissu à motifs (couverture)
- 100 x 110 cm de tissu de coton blanc (pages), à découper ainsi : 4 fois 44 x 34 cm et 1 fois 48 x 32 cm. Choisissez un coton de bonne qualité, qui va supporter les différents appliqués.
- 1 quinzaine de chutes de tissu unis et à motifs. Choisissez des couleurs qui s'accordent bien et de petits motifs discrets (petits pois, carreaux). En dehors de quelques couleurs indispensables comme le vert (sapin, herbe, feuille, cactus), le beige (corps et cornet à glace), un tissu rouge à pois blanc (champignon), le jaune (poire), le bleu ou le vert (sirène), pour le reste vous avez carte blanche !
- Fil à coudre blanc (montage)
- Fils à coudre assortis à vos chutes de tissu
- 50 x 100 cm de ouatine ou polaire, à découper ainsi : 1 fois 48 x 32 cm (couverture) et 4 fois 44 x 17 cm (demi doubles pages)
- 1 gros bouton, entre 3 et 4 cm de diamètre
- 20 cm de cordon élastique

Patrons : feuille détachable en fin d'ouvrage

Montage

Prenez le temps de visualiser le chemin de fer* du livre (photographies et schéma 1). Et reportez-vous au schéma de montage* du livre ci-contre : le livre est composé de trois doubles pages recto verso (A, B et C) fixées ensemble par une couture centrale. Les pages seront dans l'ordre après assemblage. À noter, petite différence par rapport à un livre de 12 pages classique, les doubles pages sont séparées en deux dans leur largeur pour permettre les compositions en méli-mélo.

❶

Réalisation de B

Préparation

À l'aide d'une équerre, d'une règle et d'un crayon, tracez sur l'envers d'un des 4 rectangles de tissu uni blanc de 44 x 34 cm les repères du livre (schéma 2) : chaque double page fait 42 x 30 cm, auquel il faut ajouter 1 cm sur le pourtour pour l'assemblage, ainsi que 2 cm en hauteur (marges de coutures des demi pages). Indiquez aussi le centre de chaque page pour faciliter le centrage des appliqués. Procédez de la même manière pour un second rectangle de tissu blanc de 44 x 34 cm.

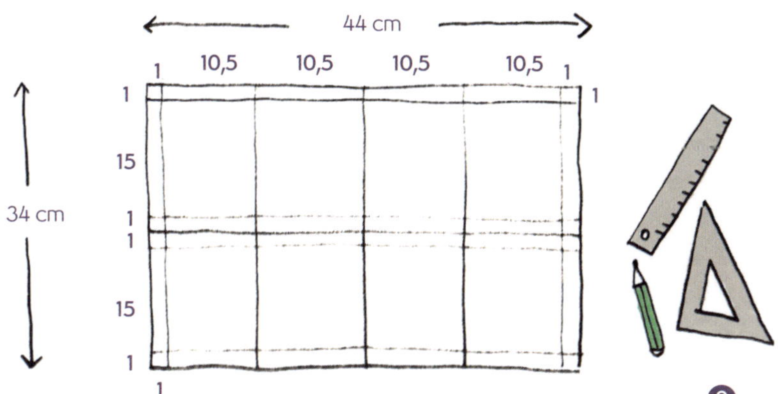

❷

Recto

Reportez le patron des différents éléments du cornet de glace et du cactus sur les différents tissus (voir photographies). Découpez les pièces de tissu à appliquer sans marge de couture. Sur l'envers, reportez les repères verticaux et horizontaux en pointillés rouges sur les patrons (centre et zone de découpe), schéma 3.

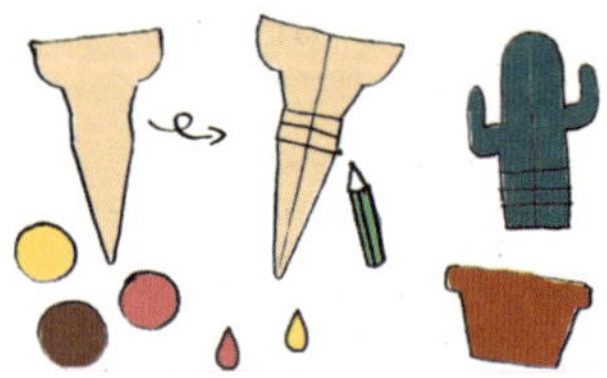

3

Placez une feuille de papier sous un des deux rectangles de tissu uni blanc. Reportez le tracé de l'emplacement des gouttes du cornet et des fleurs du cactus. Par transparence, repérez les autres tracés et placez les différents éléments sur la double page. Épinglez-les en les centrant parfaitement : la zone de découpe doit parfaitement s'ajuster par rapport aux repères de la page (schéma 4). Piquez les bords au point zigzag serré avec les fils à coudre assortis (voir Coudre des appliqués de tissu page 95). Prenez garde à l'ordre dans lequel vous les piquez : pour le cornet de glace, commencez par la boule du centre, piquez les deux autres, puis piquez le contour du cornet en commençant par le dessus, terminez par les gouttes ; pour le cactus, commencez par la plante, piquez ensuite le pot et enfin les fleurs au point droit (ou au point arrière voir page 94).

4

Verso

Procédez de la même manière pour les appliqués du calamar et du champignon (voir photographies) et piquez-les sur le deuxième rectangle de tissu blanc de 44 x 34 cm.

Assemblage

Découpez en deux les doubles pages en suivant le repère vertical du milieu (schéma 5).

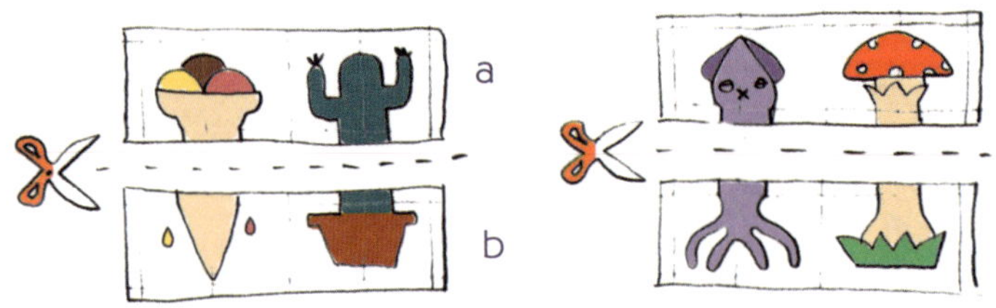

5

Superposez, endroit contre endroit, la partie a (haut du cornet et haut du cactus = haut des pages 10-3) avec la partie c (haut du calamar et haut du champignon = haut des pages 4-9) et épinglez-les. Épinglez le morceau de ouatine de 44 x 17 cm sur l'envers de l'assemblage (schéma 6). Piquez sur le tracé en ménageant une ouverture de 5 cm sur la partie haute (sans appliqué). Crantez les angles (voir page 95). Retournez sur l'endroit et fermez l'ouverture à points glissés.

Procédez de la même manière pour la partie b (bas du cornet et bas du cactus) et d (bas du calamar et bas du champignon), en laissant cette fois une ouverture de 5 cm sur la partie basse (sans appliqué).

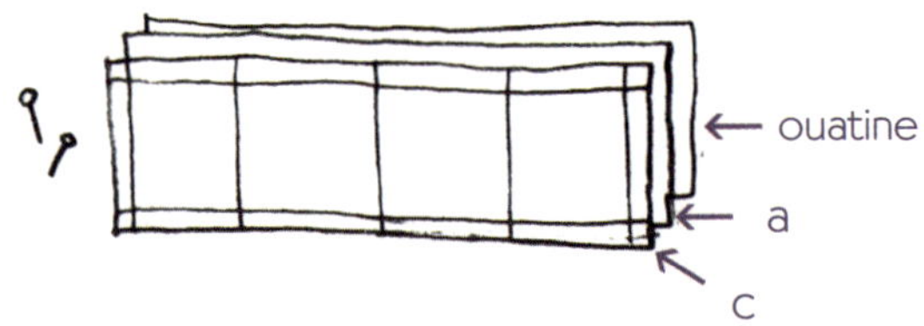

6

Réalisation de C

Procédez de la même manière que pour la double page B, en suivant les mêmes étapes de réalisation :
- préparation
- recto (avec les appliqués poire et fusée)
- verso (avec les appliqués sapin et tour Eiffel)
- assemblage (schéma 7) : parties a (haut de la poire et haut de la fusée = haut des pages 8-5) et c (haut du sapin et haut de la tour Eiffel = haut des pages 6-7) ; parties b (bas de la poire et bas de la fusée) et d (bas du sapin et bas de la tour Eiffel).

7

Assemblage de B et C

Superposez la partie haute de B avec la partie haute de C, en plaçant le verso de B (haut de la pieuvre et haut du champignon = pages 4-9) contre le recto de C (haut de la poire et haut de la fusée = pages 8-5) comme sur le schéma 8. Épinglez-les ensemble et faites une piqûre verticale au centre.

Procédez de la même manière pour la partie basse de B avec la partie basse de C, en plaçant le verso de B (bas de la pieuvre et bas du champignon) contre le recto de C (bas de la poire et bas de la fusée) comme sur le schéma 8.

Mettez de côté ces deux petits livrets.

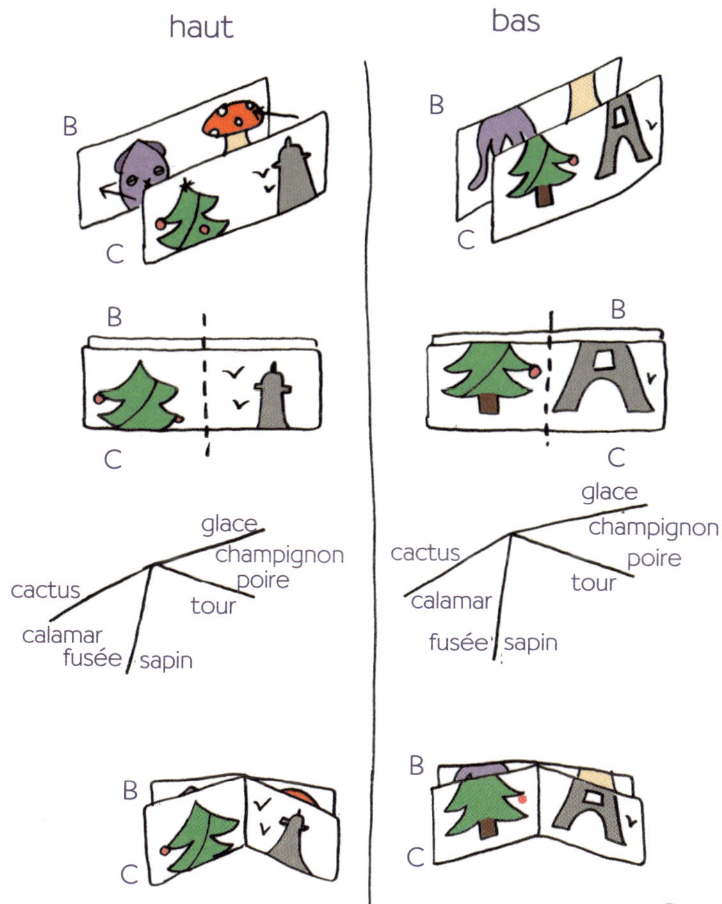

8

Réalisation de A

Recto

Cousez le bouton sur l'endroit du rectangle de tissu à motifs de 48 x 32 cm, en le centrant en largeur à 5 cm du petit côté droit. Épinglez le morceau de ouatine de 48 x 32 cm sur l'envers du tissu à motifs multicolores. Il donnera du moelleux et un léger volume au livre.

Verso

À l'aide d'une équerre, d'une règle et d'un crayon, tracez sur l'envers du rectangle de tissu uni blanc de 48 x 32 cm les repères du livre (schéma 9) : chaque double page fait 42 x 30 cm, auquel il faut ajouter 1 cm sur le pourtour pour l'assemblage, ainsi que 2 cm en hauteur (marges de coutures des demi pages) et 4 cm en largeur (marges pour l'épaisseur du livre). Indiquez aussi les tracés en rouge sur le schéma qui serviront de repères pour aligner les appliqués. En effet la sirène et le jongleur ne doivent pas être placés au centre mais sur les repères.

Reportez le patron des différents éléments de la sirène et du jongleur sur les différents tissus (voir photographies). Découpez les pièces de tissu à appliquer sans marge de couture. Placez une feuille de papier sous le tissu uni blanc. Reportez le tracé de l'emplacement des balles du jongleur. Par transparence, repérez les autres tracés et placez les différents éléments sur la double page (schéma 10). Épinglez-les et piquez les bords au point zigzag serré avec les fils à coudre assortis. Prenez garde à l'ordre dans lequel vous les piquez : pour la sirène commencez par les cheveux, piquez le bas du corps, sa poitrine, sa queue et enfin sa bouche au point droit (ou au point arrière) ; pour le jongleur, commencez par le haut du corps, piquez ensuite le pantalon, les chaussures puis les balles et enfin ses bretelles et son nez au point droit ou au point arrière (voir photographies).

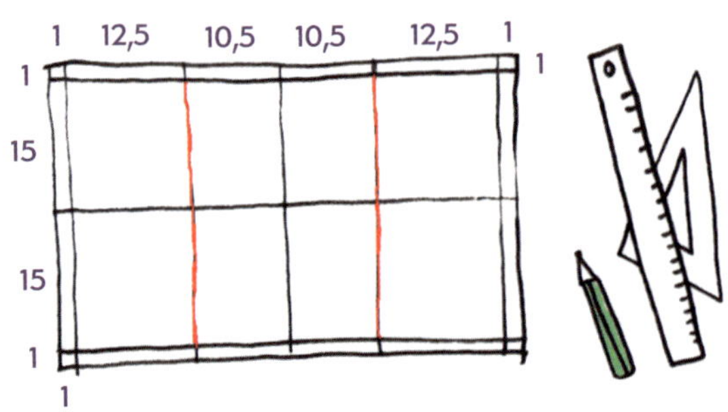

9

10

Assemblage du recto et du verso

Superposez, endroit contre endroit, le tissu à motifs doublé de ouatine (pages 12-1) et le rectangle de tissu blanc avec les appliqués sirène et jongleur (pages 2-11) et épinglez-les. Marquez à la craie l'emplacement du cordon au centre du petit côté opposé au bouton et l'ouverture de 5 cm (schéma 11). Piquez sur le tracé, en laissant libre les ouvertures. Crantez les angles et retournez sur l'endroit sans refermer l'ouverture car il sera nécessaire de le retourner sur l'envers pour coudre le cordon.

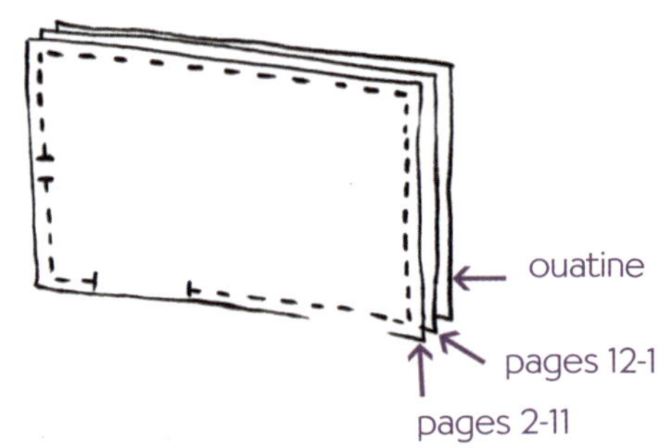

11

Assemblage de B/C et A (reliure)

Superposez les deux petits livrets en plaçant le verso de A (pages 2-11) contre le recto de B (pages 10-3) comme sur le schéma 12.

12

Fermez le livre pour évaluer son épaisseur. Avec le cordon, mesurez la quantité nécessaire pour faire le tour du bouton à partir de l'ouverture où il doit être inséré. Ajoutez 2 cm et coupez-le (schéma 13).

13

Enlevez les deux petits livrets et retournez la double A sur l'envers. Pliez en deux le cordon et insérez-le dans l'ouverture, en laissant ses extrémités dépasser de 1 cm (schéma 14).

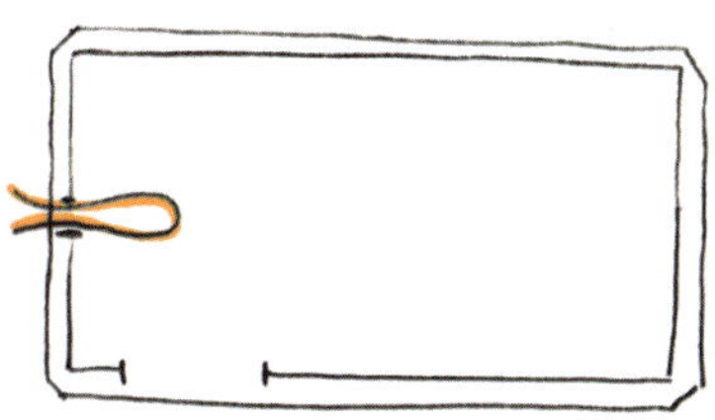

14

Épinglez-le et cousez-le. Retournez la double A sur l'endroit et refermez l'ouverture à points glissés (schéma 15).

15

Superposez de nouveau les deux petits livrets comme précédemment. Épinglez-les ensemble et réalisez une couture à la main au point arrière, en espaçant les points de 5 mm (schéma 16).

16

Le livre est terminé. L'enfant peut s'amuser à mélanger les formes. Oh ! une glace avec une queue de sirène ! Oh ! un champignon avec des jambes !

Pomme de reinette et pomme d'Api ★★☆

Réalisez un livre comptine pour bercer votre bout de chou !
Il sera ravi de promener la peluche à travers les petits trous, toucher les différentes matières et se laisser surprendre par les sons cachés. Chantonnez les paroles en parcourant le livre, à chaque couplet correspond une double page à découvrir :

Pomme de reinette et pomme d'Api,
tapis, tapis rouge.
Pomme de reinette et pomme d'Api,
tapis, tapis gris.
Cache-toi bien petit asticot ou t'auras un coup de marteau !

Chemin de fer

PAGE 1

PAGES 2-3

PAGES 4-5

PAGES 6-7

Explications

Matériel

- 48 x 24 cm de polaire verte (couverture)
- 48 x 24 cm et 2 fois 26 x 24 cm de tissu jaune clair (pages)
- 26 x 24 cm de tissu éponge rouge et 26 x 24 cm de tissu éponge grise (pages)
- 35 x 20 cm de velours côtelé jaune clair (asticot)
- Chutes de tissu uni rouge (cible et manche du marteau), gris (tête du marteau), vert (dessin intérieur de la pomme), vert foncé (feuille), blanc (housse du couineur)
- Chute de jersey marron (tige)
- Fils à coudre assortis : jaune, jaune clair, vert, rouge
- Fil à broder : marron
- 2 boutons marrons, de 8 mm de diamètre (yeux de l'asticot)
- Ouate de polyester (asticot, marteau et tige)
- Couineur à main de petite taille (magasin de farces et attrapes)
- Papier bruissant (papier d'emballage plastique de bonbon)

Patrons
Asticot, marteau, feuille et tige : page 85
Pome : feuille détachable en fin d'ouvrage

Montage

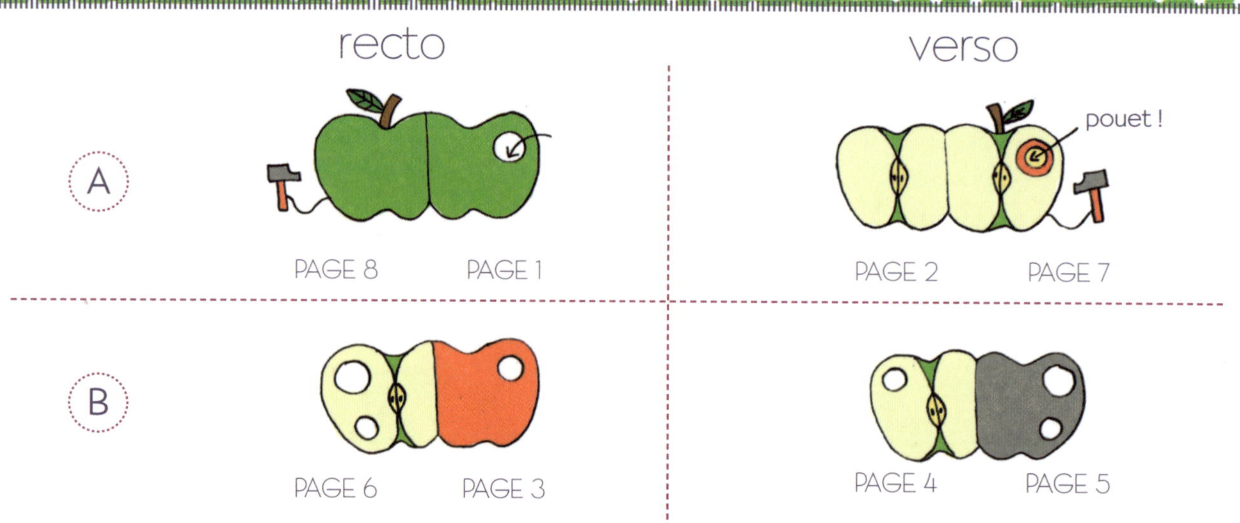

Prenez le temps de visualiser le chemin de fer* du livre (photographies et schéma 1). Et reportez-vous au schéma de montage* du livre ci-contre : le livre est composé de deux doubles pages recto verso (A et B) fixées ensemble par une couture centrale. Les pages seront dans l'ordre après assemblage.

1

Réalisation de A

Recto

Reportez le patron de la pomme en faisant coïncider les repères A et B sur l'envers de la polaire verte, ainsi que le cercle à gauche et les ouvertures à droite (pour retourner l'ouvrage et pour insérer la tige) comme sur le schéma 2. Découpez les contours de la pomme en ajoutant 2 cm de marge par rapport au tracé. Découpez le cercle sur le tracé, puis piquez au point droit à 3 mm du bord avec du fil à coudre vert. Cette piqûre évitera au cercle de se déformer.

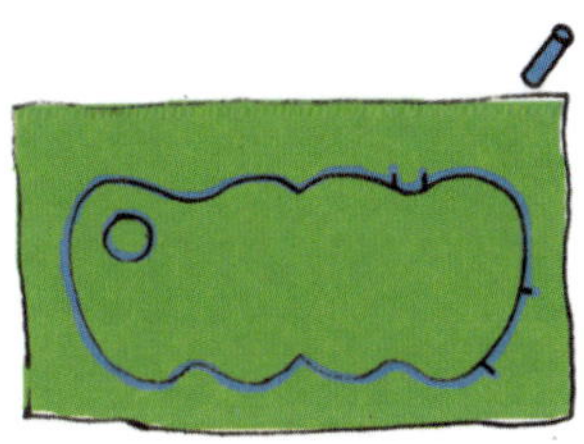

2

Verso

Procédez de la même manière sur l'envers du tissu jaune clair de 48 x 24 cm, mais cette fois en reportant les ouvertures sur la gauche et sans reporter le cercle comme sur le schéma 3. Reportez également l'emplacement des appliqués (dessin intérieur de la pomme) et la cible à droite.

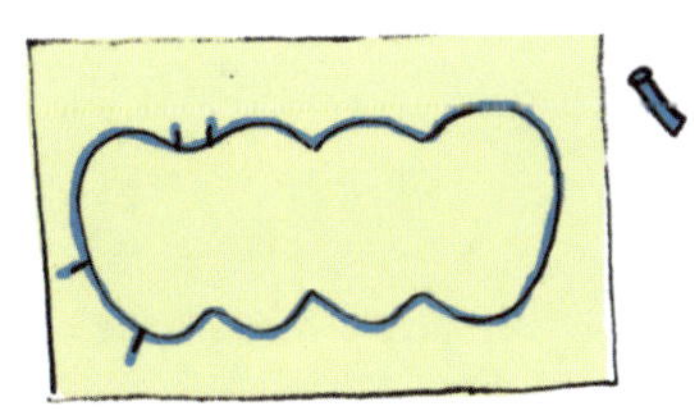

3

Reportez 2 fois les patrons des deux triangles sur la chute de tissu vert. Reportez 2 fois le patron du cœur de la pomme et 1 fois celui du petit cercle jaune sur la chute de tissu jaune. Reportez 1 fois le patron du grand cercle rouge sur la chute de tissu rouge.

Découpez les pièces de tissus à appliquer sans marge de couture (schéma 4).

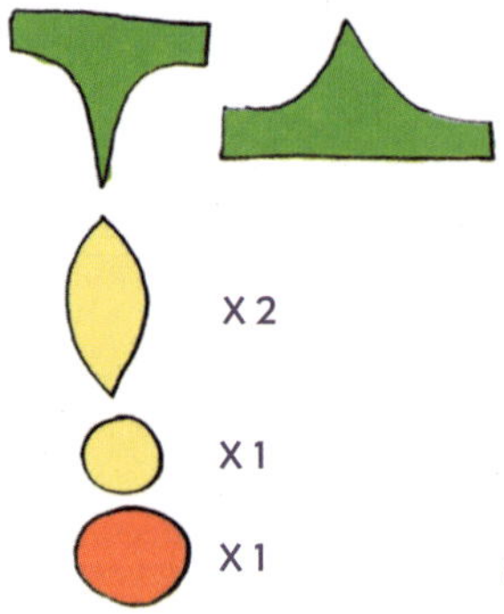

4

Épinglez les triangles en tissu vert sur l'endroit du tissu jaune clair : étant donné que vos tracés sont sur l'envers, placez-vous devant une source de lumière (comme une fenêtre) pour les voir par transparence (schéma 5). Piquez le bord des pointes des triangles au point zigzag serré avec le fil à coudre vert (voir Coudre des appliqués de tissu page 95).

Épinglez les cœurs en tissu jaune sur l'endroit du tissu jaune clair légèrement par-dessus les triangles en tissu vert. Piquez les bords au point zigzag serré avec le fil à coudre jaune. Pour réaliser les coutures décoratives, piquez une ligne au centre et un contour à 3 mm du cœur au point droit (ou au point arrière voir page 94) avec le fil à coudre jaune. Terminez en brodant la forme des pépins au point arrière avec le fil à broder marron (voir photographies). Vous pouvez vous aider en traçant la forme avant de piquer mais prenez garde à bien recouvrir votre tracé car vous êtes sur l'endroit ou utilisez un crayon de couturière effaçable.

Épinglez le grand cercle en tissu rouge sur l'endroit du tissu jaune clair à l'emplacement de la cible. Piquez les bords au point zigzag serré avec le fil à coudre rouge. Épinglez le petit cercle en tissu jaune au centre de la cible rouge. Piquez les bords au point zigzag serré avec le fil à coudre jaune.

5

Montage du couineur

Le couineur est une petite poche remplie d'air qui émet un son lorsqu'on appuie dessus. Pour le maintenir au niveau de la cible, il faut lui coudre une petite housse. Pliez en deux une chute de tissu blanc et insérez à l'intérieur le couineur. Piquez les 3 côtés à 2 cm du couineur, en prenant garde de ne pas le percer (schéma 6).

6

Sur l'envers du tissu jaune clair, épinglez la housse contenant le couineur au verso de la cible (schéma 7) : attention à ne pas percer le couineur. Retournez sur l'endroit, et piquez au point droit avec le fil à coudre rouge par-dessus la piqûre en zigzag rouge (schéma 8).

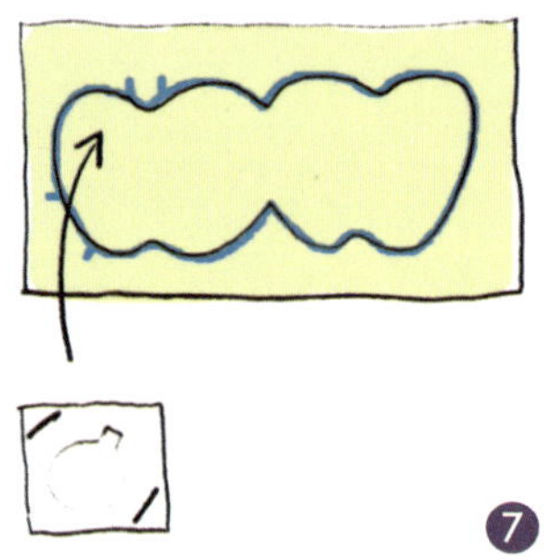

7

8

Réalisation du marteau

Découpez 2 rectangles de 9 x 6 cm dans la chute de tissu gris et 2 rectangles de 13 x 6 cm dans la chute de tissu rouge. Superposez, endroit contre endroit, deux pièces (une grise et une rouge) en alignant les petits côtés. Piquez ces derniers à 1 cm du bord et dépliez (schéma 9). Procédez de la même façon pour les deux autres rectangles. Reportez sur l'envers d'un des assemblages le patron du marteau, en alignant le haut du manche sur la couture (schéma 10). Épinglez, endroit contre endroit, les deux assemblages en alignant bien la couture du milieu, piquez le long du tracé en laissant libre les ouvertures (pour retourner l'ouvrage et pour insérer le cordon). Découpez à 1 cm du tracé. Insérez le cordon dans la petite ouverture en laissant une extrémité dépasser de 2 cm (schéma 11). Crantez les angles (voir page 95). Retournez sur l'endroit, remplissez de ouate et fermez les ouvertures à points glissés.

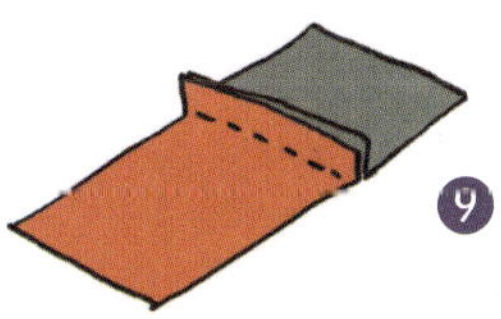

9

10

11

La feuille

Découpez 2 rectangles de 10 x 6 cm dans la chute de tissu vert foncé. Superposez, endroit contre endroit, les deux pièces et reportez dessus le patron de la feuille. Piquez le long du tracé en laissant libre le bas. Découpez à 1 cm du tracé et crantez les angles. Retournez sur l'endroit et insérez un morceau de papier bruissant aux dimensions de la feuille. Piquez au point droit avec le fil à coudre jaune les nervures de la feuille. Vous pouvez vous aider en traçant la forme avant de piquer mais prenez garde à bien recouvrir votre tracé car vous êtes sur l'endroit ou utilisez un crayon de couturière effaçable.

La tige

Découpez 1 rectangle de 7 x 11 cm dans le jersey marron, pliez-le en deux endroit contre endroit et reportez dessus le patron de la tige. Piquez le long du tracé en laissant libre les ouvertures (pour retourner l'ouvrage et pour insérer la feuille). Insérez la feuille à l'intérieur de la tige, en laissant le bas dépasser de 2 cm et cousez-la (schéma 12). Découpez à 1 cm du tracé et crantez les angles. Retournez sur l'endroit et remplissez de ouate sans refermer.

12

Assemblage du recto et du verso

Superposez, endroit contre endroit, la polaire verte (pages 8-1) et le tissu jaune clair avec les appliqués (pages 2-7) puis épinglez-les. Vérifiez que les tracés des contours de la pomme coïncident bien (schéma 13). Piquez sur le tracé, en laissant libres les ouvertures. Découpez à 1 cm du tracé et insérez la tige munie de sa feuille et le cordon dans les ouvertures en laissant dépasser leurs extrémités d'1 cm (schéma 14). Cousez-les, crantez les angles et retournez sur l'endroit. Refermez l'ouverture à points glissés. Repassez l'ensemble pour éliminer les plis en prenant garde à ne pas toucher le couineur.

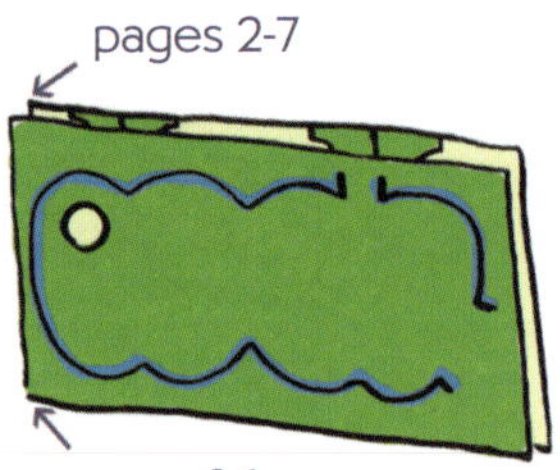

13

14

Réalisation de B

Recto et verso

Superposez, endroit contre endroit, un rectangle de tissu jaune clair et un rectangle d'éponge rouge (pages 6-3). Piquez un des petits côtés à 1 cm du bord. Procédez de la même façon pour le rectangle de tissu jaune clair et celui de l'éponge grise (pages 4-5). Sur chacun des deux assemblages, reportez sur l'envers du tissu jaune clair la moitié droite du patron de la pomme, en alignant les pointillés sur la couture ; reportez l'ouverture uniquement sur l'assemblage avec l'éponge grise et dépliez (schéma 15).

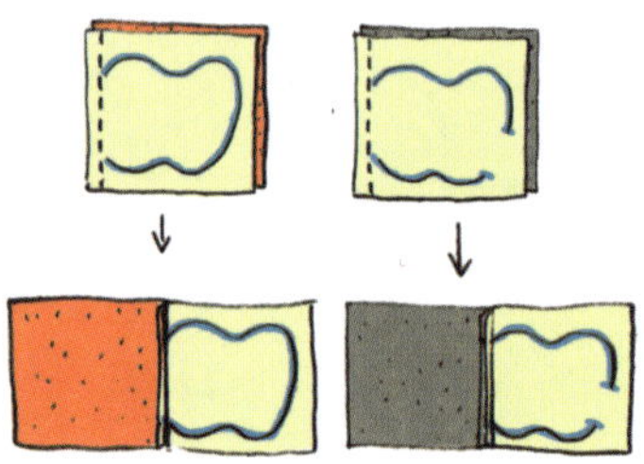
15

Pour réaliser les appliqués sur le tissu jaune clair (pages 6 et 4), procédez de la même manière que pour le verso de la double page A (schéma 16).

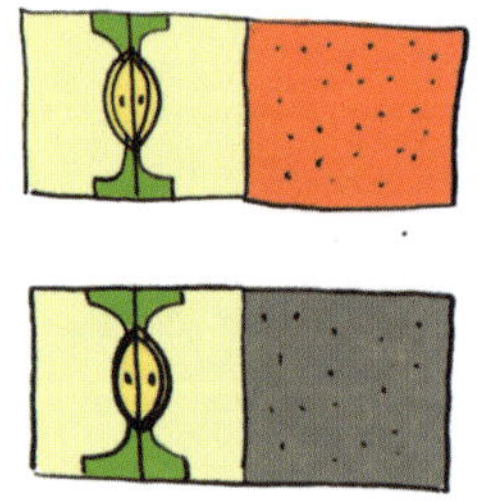
16

Assemblage du recto et du verso

Superposez, endroit contre endroit, l'assemblage des tissus jaune clair et rouge (pages 6-3) et l'assemblage des tissus jaune clair et gris (pages 4-5) et épinglez-les. Vérifiez que les tracés des contours de la pomme coïncident bien ainsi que les milieux du recto et du verso. Il est impossible de marquer la matière éponge mais cela n'est pas nécessaire : commencez par le recto (jaune et rouge) en piquant uniquement sur le tracé du tissu jaune clair. Retournez votre ouvrage sur le verso et continuez sur le tracé du tissu jaune clair, en ménageant une ouverture de 5 cm (schéma 17). Découpez à 1 cm du tracé, crantez les angles et retournez sur l'endroit. Refermez l'ouverture à points glissés. Repassez l'ensemble pour éliminer les plis.

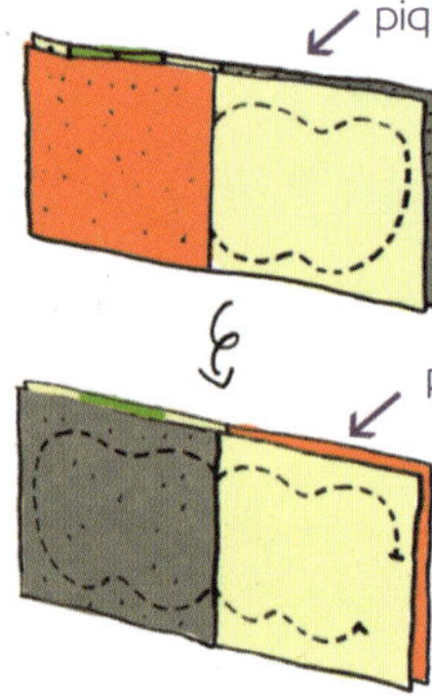

17

Découpage des trous

Sur le verso (jaune et gris), reportez sur le tissu jaune clair le patron du grand cercle en haut et sur l'éponge grise un grand cercle en haut et un petit en bas (schéma 18). Si vous ne parvenez pas à tracer sur l'éponge, retournez votre ouvrage sur le verso (jaune et rouge) et reportez les deux cercles sur le tissu jaune clair. Piquez les bords au point zigzag serré avec le fil à coudre jaune. Évidez délicatement les trous au ras de la piqûre avec des ciseaux.

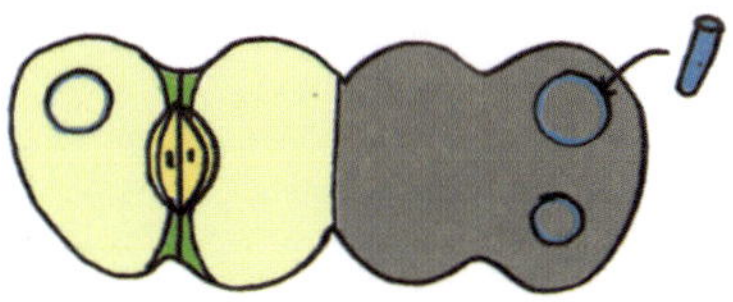

18

Assemblage de A et B (reliure)

Superposez les deux doubles pages en plaçant le verso de A (pages 2-7) contre le recto de B (pages 6-3) comme sur le schéma 19. Épinglez-les ensemble et faites une piqûre verticale au centre, le long de la couture d'assemblage. Prenez garde à la couleur de votre fil à coudre : vert sur la couverture, jaune clair à l'intérieur du livre.

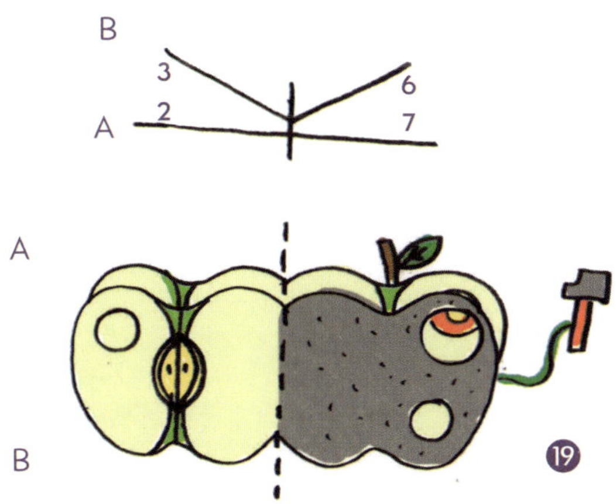

19

Réalisation de la peluche Asticot

Pliez en deux le rectangle de velours côtelé, endroit contre endroit. Reportez dessus le patron de l'asticot. Piquez le long du tracé en laissant libre l'ouverture. Découpez à 1 cm du tracé et crantez les angles. Retournez sur l'endroit, remplissez de ouate et fermez l'ouverture à points glissés. Cousez les boutons solidement à l'emplacement des yeux, et brodez la bouche au point arrière avec le fil à broder marron.

Note : Si le livre est destiné à un enfant en bas-âge, il est recommandé de ne pas utiliser de boutons et de broder les yeux avec du fil à broder marron.

L'Asticot est prêt à être glissé dans la pomme ! Il peut ainsi être rangé dans sa poche (schéma 20). Bébé n'a plus qu'à le promener à travers les petits trous aux sons de la comptine !

20

Bonne nuit

★★☆

Le rituel du soir est un moment privilégié, plein de douceur et de complicité. Très ludique avec sa fermeture éclair, ses velcro, son petit miroir et ses différentes matières, ce petit ouvrage deviendra vite son livre de chevet. Il permet à l'enfant d'accomplir avec son doudou toutes les étapes indispensables pour passer une bonne nuit, à chaque page correspond ainsi une action qu'il connaît bien :

Lapin met son pyjama.
Ouvre la pochette pour sortir le pyjama et lui enfiler !

Lapin va se brosser les dents.
Prend la brosse à dents de Lapin dans son verre, et mets-lui dans la main ! Regarde, il peut se voir dans le miroir !

Lapin cherche son doudou.
Cherche bien partout pour retrouver la peluche de Lapin, elle est cachée derrière un buisson. Une fois la carotte retrouvée, accroche-la dans sa main.

Lapin lit une histoire avant d'aller se coucher.
Tourne avec Lapin les pages du livre...

Lapin est cajolé.
Maman ou papa Lapin l'entoure de ses bras pour lui faire un gros câlin.

Lapin s'est endormi !
Il est très fatigué, retourne-le pour lui fermer les yeux et glisse-le dans son lit avec son doudou.

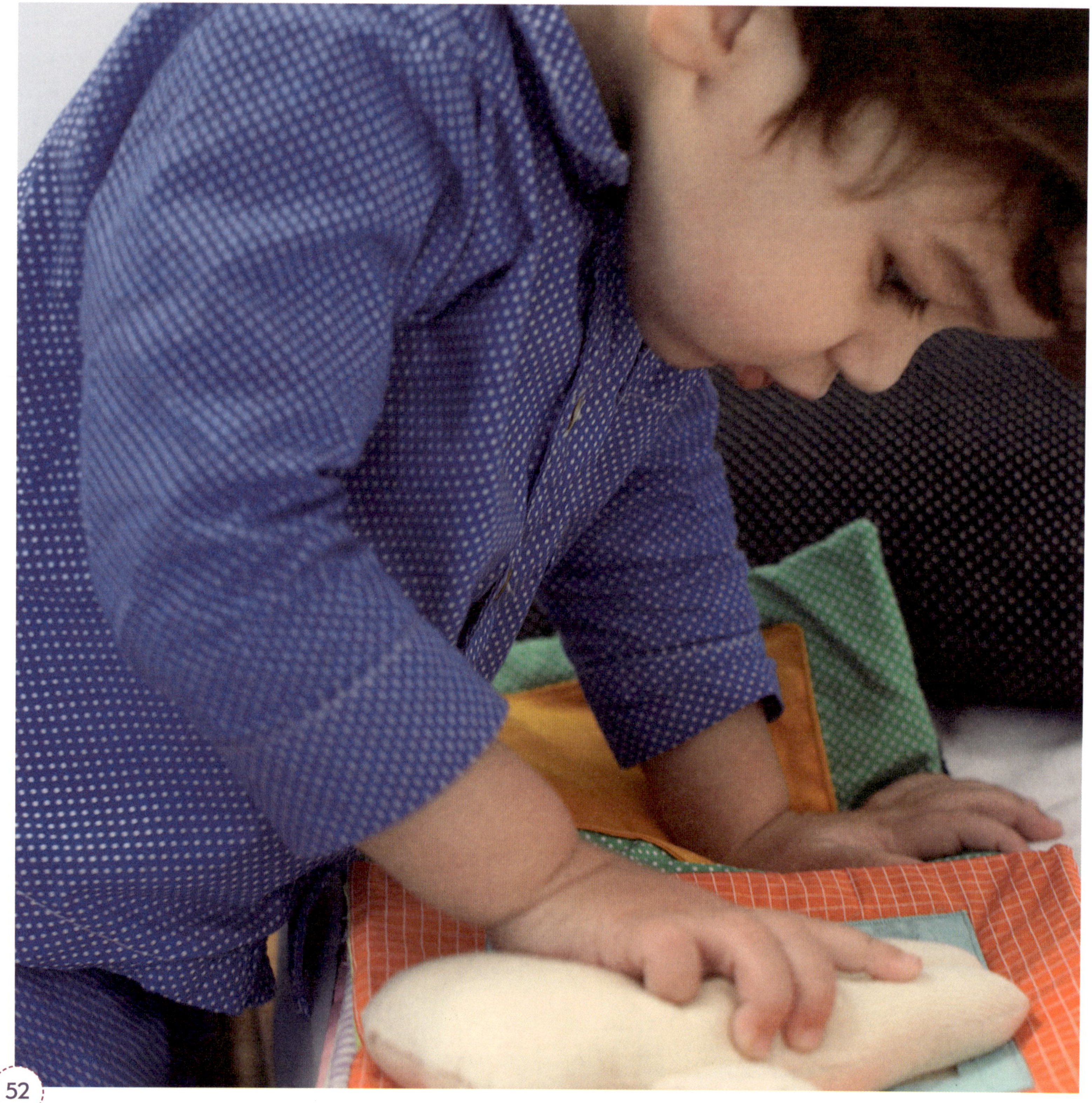

Chemin de fer

PAGE 1

PAGES 2-3

PAGES 4-5

PAGES 6-7

Explications

Matériel

- 48 x 24 cm de tissu bleu marine à petits motifs discrets (couverture)
- 25 x 24 cm de tissu uni bleu ciel (poche de la couverture)
- 6 tissus à petits motifs discrets (pages) : 2 fois 25 x 24 cm en vert, bleu clair ; 4 fois 24 x 24 cm en rouge, jaune, violet, rose
- 5 chutes de feutrine : blanche (rigide si possible), verte, orange, rose, bleue
- 2 fois 14 x 21 cm (doudou Lapin) et 17 x 23 cm (parent Lapin) de velours côtelé crème
- Chutes de tissu uni : rose, vert, bleu, violet, orange, blanc
- Chute de tissu à rayures (pyjama)
- Fils à coudre assortis : 7 couleurs, 1 blanc (montage)
- Fil à broder noir épais (visages)
- Fermeture éclair de 12 cm
- Ouate de polyester (doudou Lapin)
- 48 x 24 cm (couverture) et 46 x 24 cm (pages) de ouatine
- Velcro blanc à découper en 6 cercles de 1,5 cm de diamètre
- Croquet blanc, de 5 mm de large
- 11,5 x 11,5 cm de papier miroir (magasins de loisirs créatifs et beaux arts)
- Papier bruissant (papier d'emballage plastique de bonbon)

Patrons pages 86-87

Montage

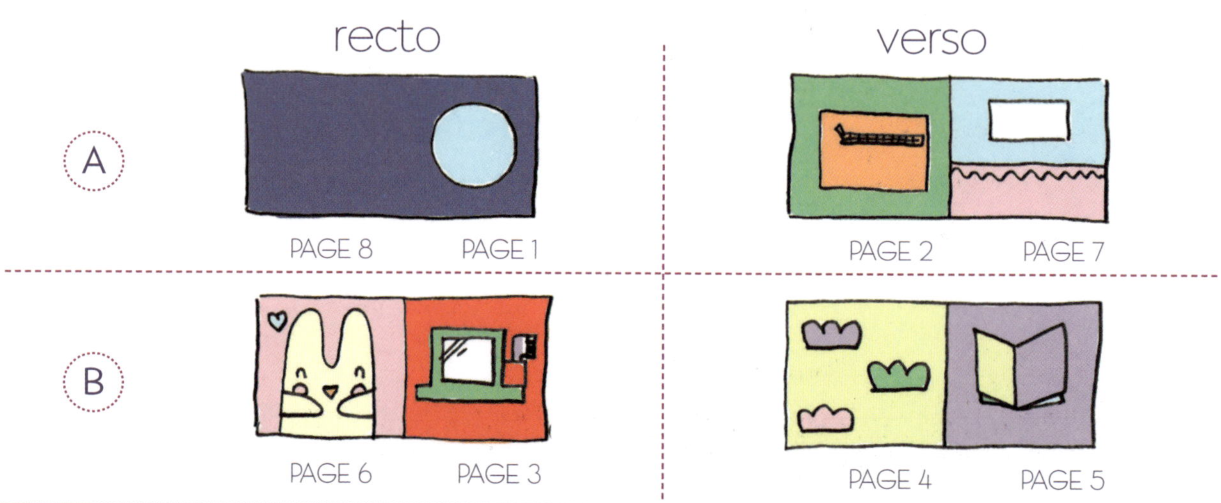

Prenez le temps de visualiser le chemin de fer* du livre (photographies et schéma 1). Et reportez-vous au schéma de montage* du livre ci-contre : le livre est composé de deux doubles pages recto verso (A et B) fixées ensemble par une couture centrale. Les pages seront dans l'ordre après assemblage.

1

Réalisation des pages

Préparation

Marquez à la craie de couturière un trait à 1 cm des bords de tous les tissus des pages et de la couverture. Les rectangles de tissu vert et bleu font 1 cm supplémentaire en largeur afin de prendre en compte l'épaisseur du livre une fois monté (voir Marges de couture page 94) et schéma 2.

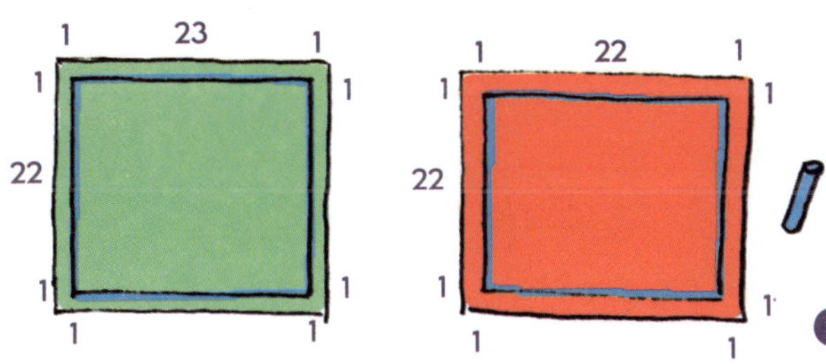

2

Page 2 (poche du pyjama)

Découpez 2 rectangles de 19 x 15 cm dans la chute de tissu uni orange. Sur l'envers de l'un des deux, tracez à la craie un contour à 1 cm du bord ainsi que le tracé de la fenêtre dans laquelle va venir s'insérer la fermeture éclair de 12 cm (schéma 3). Coupez la fenêtre comme indiqué en rouge sur le schéma 3. Pliez les bords de la fenêtre envers contre envers, et marquez les plis au fer (schéma 4). Retournez votre ouvrage et placez l'endroit de la fermeture éclair contre l'envers de la fente (schéma 5). Épinglez et piquez à 3 mm du bord de la fenêtre avec le fil à coudre assorti, en ouvrant la fermeture éclair à mi-parcours lorsque le pied de

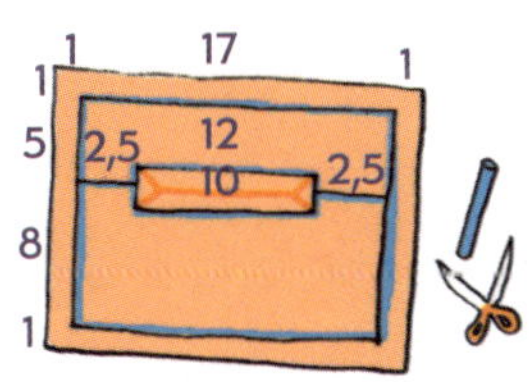

3

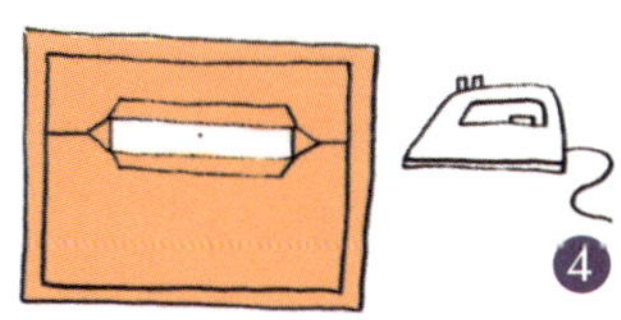
4

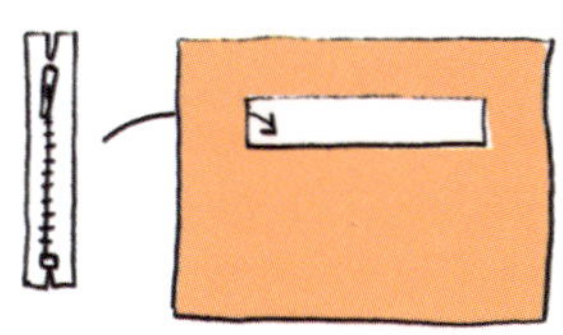
5

biche de la machine gêne votre progression. Ouvrez complètement la fermeture et épinglez, endroit contre endroit, les deux rectangles de tissu uni orange. Piquez le long du tracé. Crantez les angles (voir page 95) et retournez sur l'endroit par l'ouverture de la fermeture éclair.
Sur l'endroit du tissu à motifs vert, épinglez la pochette orange en la centrant. Piquez la pochette à 3 mm du bord, avec le fil à coudre assorti.

Page 3 (salle de bain)

Reportez sur la chute de tissu uni vert le patron du miroir. Découpez la pièce à appliquer sans marge de couture. Sur l'envers, reportez le tracé de la fenêtre dans laquelle va venir s'insérer le miroir (schéma 6). Coupez la fenêtre comme indiqué en rouge sur le schéma 6. Pliez les bords de la fenêtre envers contre envers, et marquez les plis au fer (schéma 7). Retournez votre ouvrage, et piquez sur l'endroit à 3 mm du bord de la fenêtre avec le fil à coudre assorti.

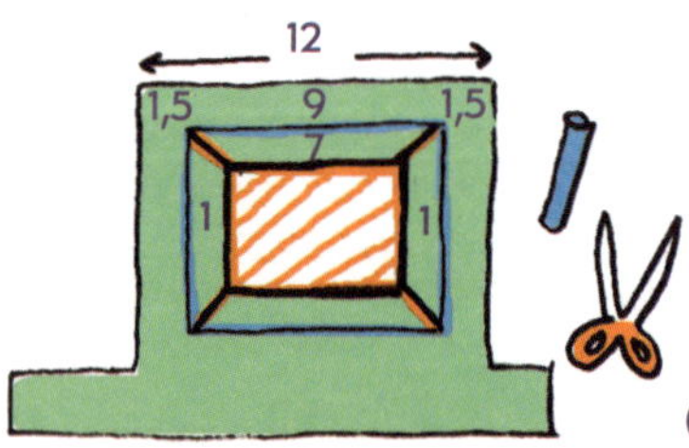

6

7

Sur l'endroit du tissu à motifs rouge, épinglez l'appliqué miroir en le centrant. Piquez les contours au point zigzag serré avec le fil à coudre assorti (voir Coudre des appliqués de tissu page 95) et schéma 8. Prenez garde à l'ordre dans lequel vous les piquez : commencez par le cadre du miroir, puis l'étagère (voir photographie). Il ne faut pas piquer les bords de la fenêtre qui servira à insérer le papier miroir.

8

Découpez dans la chute de feutrine orange un rectangle de 4 x 3 cm et épinglez-le sur l'étagère à droite. Piquez au point droit avec le fil à coudre assorti, à 3 mm du bord en laissant libre le haut pour y glisser la brosse à dents.

Page 4 (buissons)

Pliez une chute de tissu uni violet en deux, endroit contre endroit. Reportez dessus le patron du buisson. Piquez le long du tracé en laissant libre l'ouverture. Découpez à 1 cm du tracé et crantez les angles. Retournez sur l'endroit et insérez un morceau de papier bruissant aux dimensions du buisson. Refermez l'ouverture à points glissés. Procédez de la même manière pour les deux autres buissons en choisissant des chutes de tissu de couleurs différentes. Épinglez les 3 buissons sur l'endroit du tissu à motifs jaune, en les disposant comme sur le schéma 9. Par transparence, vérifiez qu'ils ne soient pas trop près des repères du format de la page afin de ne pas les prendre dans la couture du montage. Piquez-les au point droit à 3 mm du bord inférieur.

9

Épinglez 3 cercles de velcro (côté doux) en les centrant derrière les buissons (schéma 10). Et piquez-les au point droit, à 3 mm du

bord (voir Coudre des appliqués de feutrine ou velcro page 95). Les petits velcro serviront à accrocher le doudou carotte.

10

Variante : Vous pouvez broder des numéros sur les buissons (1,2,3), dans ce cas il faudra le faire après avoir reporté le patron du buisson sur la chute de tissu mais avant de piquer sur le tracé.

Page 5 (mini livre à feuilleter)

Pour réaliser le mini livre à l'image du grand, rassemblez des chutes de tous les tissus à motifs utilisés pour les pages du livre *Bonne nuit* : bleu marine pour la couverture, vert, rouge, jaune, violet, rose et bleu clair. Le schéma de montage du mini livre est exactement le même que le grand (même pagination, même ordre dans les couleurs).

Reportez le patron du mini livre 2 fois en l'inversant en miroir sur la chute de tissu à motifs bleu marine (couverture). Reportez le patron du mini livre sur l'envers des tissus vert, rose et jaune. Reportez le patron du mini livre en l'inversant en miroir sur l'envers des tissus bleu, rouge et violet (schéma 11).

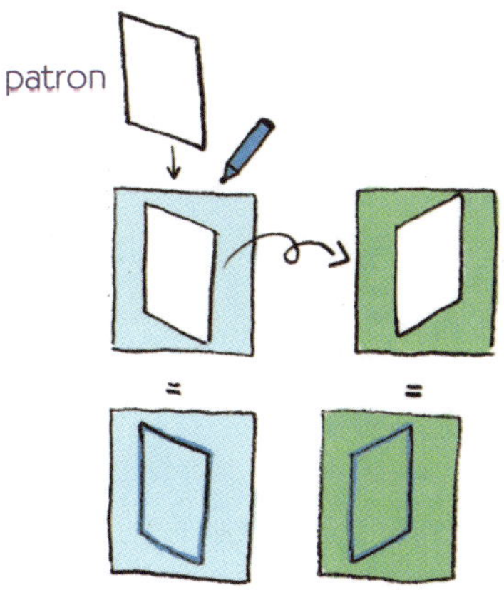

11

Assemblez ensuite les pages en suivant les indications d'assemblage de A et de B du livre général, puis des recto et verso de A, puis de B sans utiliser de ouatine (voir schémas 12 et 13).

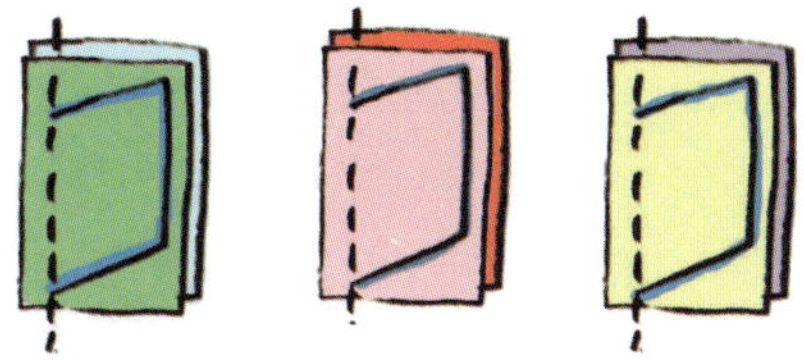

12

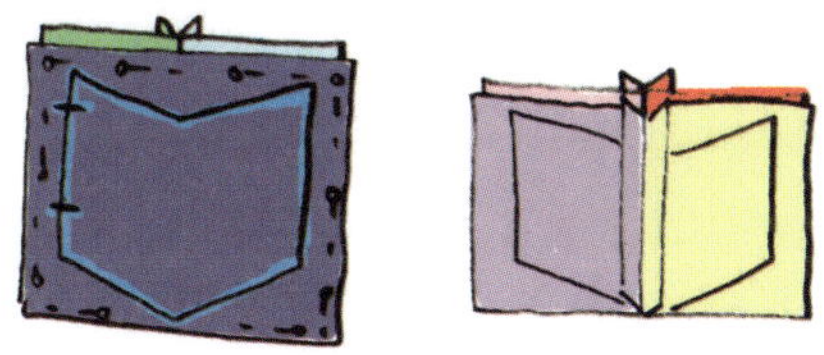

13

Piquez ensuite au point droit chaque double page A et B, à 3 mm du bord (schéma 14). Assemblez les doubles pages ensemble en suivant les indications s'assemblage de A et B (reliure) du livre général (schéma 15).

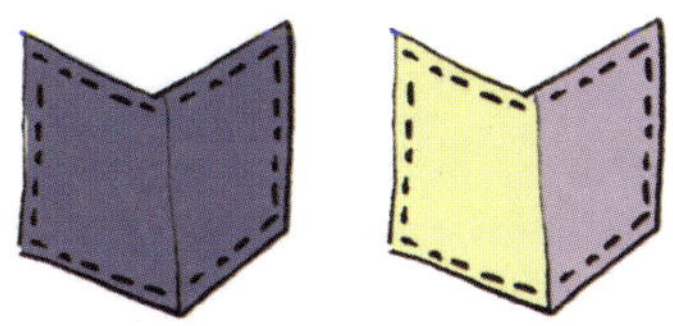

14

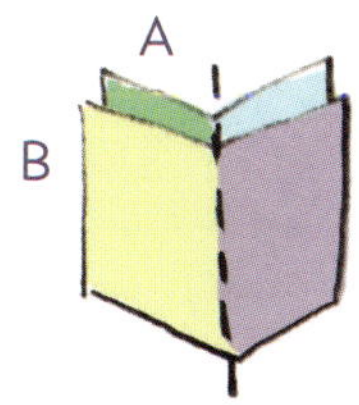

15

Une fois le mini livre terminé, ouvrez-le en deux et épinglez-le en le centrant sur l'endroit du tissu à motifs violet. Piquez au point droit le long de la piqûre centrale du livre.

Variante : Ici c'est l'effet mise en abîme qui a été exploité, mais vous pouvez laisser parler votre créativité : créez un mini album photo, un mini livre pour apprendre les formes et les couleurs, brodez du texte ou utilisez des tissus avec des motifs illustrant des contes « Le petit chaperon rouge » ou « Les trois petits cochons » etc.

Page 6 (maman ou papa Lapin)

Reportez le patron du parent Lapin sur l'envers du morceau de velours côtelé crème. Reportez 1 fois le patron du nez dans la feutrine orange et 2 fois celui des joues dans la feutrine rose. Reportez le patron du cœur sur une chute de tissu uni bleu. Découpez les pièces à appliquer sans marge de couture.

Positionnez les joues et le nez avec une épingle sur l'endroit du parent Lapin et vérifiez par transparence leurs emplacements par rapport au tracé sur l'envers. Piquez-les à 3 mm de la feutrine. Brodez avec le fil à broder noir les yeux ouverts avec 2 demi cercles (voir photographie).

Épinglez le parent Lapin et le cœur sur l'endroit du tissu à motifs rose. Par transparence, vérifiez qu'ils ne soient pas trop près des repères du format de la page afin que seul le bas soit pris dans la couture du montage. Piquez les bords au point zigzag serré avec les fils à coudre assortis.

Pliez en deux, endroit contre endroit, une chute de velours côtelé crème, et reportez 2 fois le patron du bras du parent Lapin. Piquez le long du tracé en laissant libre le bas. Découpez à 1 cm du tracé et crantez les angles. Retournez sur l'endroit et refermez l'ouverture à points glissés. Épinglez les bras comme indiqué sur le schéma 16 et piquez au point droit à 3 mm du bord. Le parent Lapin peut maintenant ouvrir les bras pour câliner son enfant.

16

Page 7 (petit lit)

Découpez dans la chute de tissu rose, un rectangle de 25 x 12 cm. Faites un ourlet de 1 cm sur un des grands côtés, épinglez et piquez au point droit (schéma 17). Placez le crochet à 5 mm du bord et piquez au point droit sur la piqûre de l'ourlet (schéma 18).

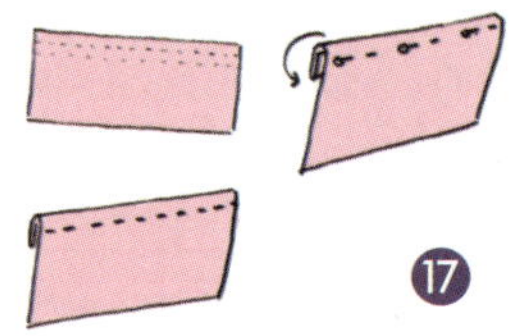

17

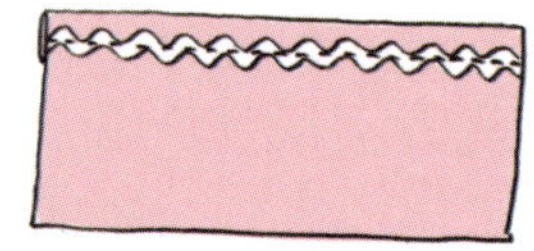

18

Superposez l'envers du tissu rose sur l'endroit du tissu bleu, en alignant les deux tissus sur le bas. Piquez à 3 mm du bord en laissant libre le haut de la poche (schéma 19).

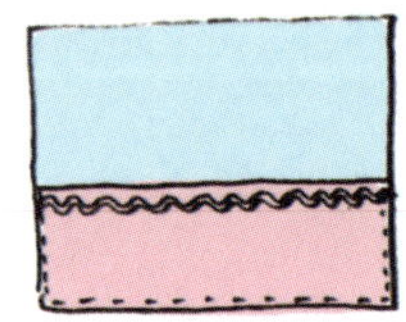

19

Dans la chute de tissu uni blanc, découpez un rectangle de 12 x 7 cm. Épinglez-le sur l'endroit du tissu bleu clair en le centrant en largeur, à 2 cm du haut du tracé du format de la page. Piquez les bords au point zigzag serré avec le fil à coudre assorti.

Page 1 et 8 (couverture)

Tracez à la craie sur l'envers du tissu à motifs bleu marine de 48 x 24 cm, un cercle de 13 cm de diamètre centré dans la partie gauche (schéma 20). Piquez le bord du cercle au point zigzag serré avec le fil à coudre assorti. Découpez délicatement l'ouverture à l'aide de ciseaux au ras de la piqûre.

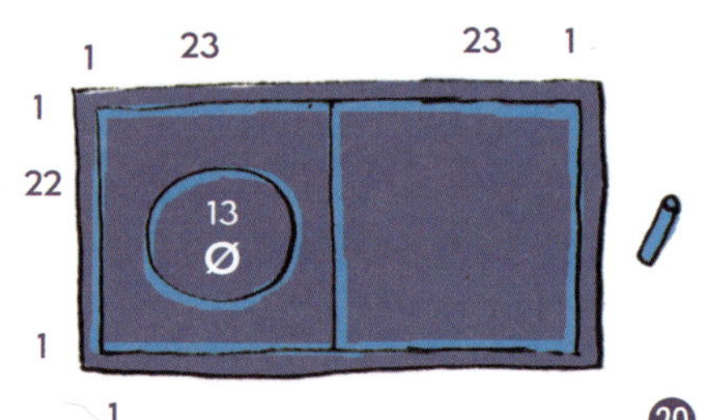

20

Superposez l'endroit du rectangle de 25 x 24 cm de tissu uni bleu ciel sur l'envers du tissu à motifs bleu marine, en le centrant sur la partie ouverte (schéma 21). Piquez au point droit à 3 mm du bord. La couverture dispose maintenant d'une pochette pour ranger le lapin (schéma 22).

21

22

Assemblage de A

Recto

Épinglez le morceau de ouatine de 48 x 24 cm sur l'envers du tissu à motifs bleu marine. Il donnera du moelleux et un léger volume au livre.

Verso

Épinglez, endroit contre endroit, le rectangle de tissu à motifs vert sur le bleu (pages 2-7). Piquez sur le tracé de gauche. Ouvrez les réserves de couture au fer (schéma 23).

23

Assemblage du recto et du verso

Superposez, endroit contre endroit, le tissu à motifs bleu marine doublé de ouatine (pages 8-1) et l'assemblage des tissus vert et bleu (pages 2-7) puis épinglez-les (schéma 24). Piquez sur le tracé en ménageant une ouverture de 5 cm. Crantez les angles, retournez sur l'endroit et fermez l'ouverture au point droit.

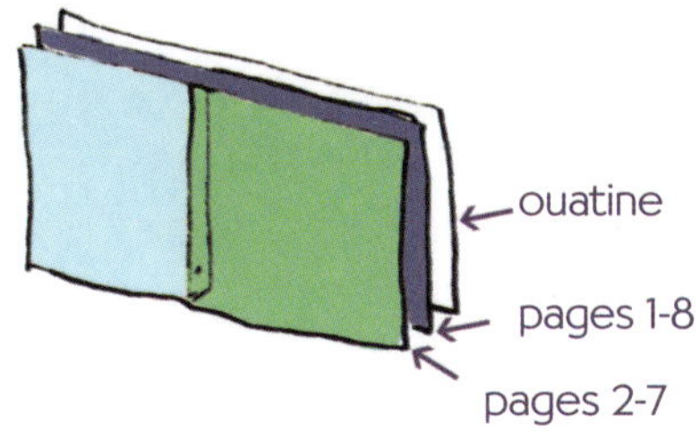

24

Assemblage de B

Recto

Épinglez, endroit contre endroit, le rectangle de tissu à motifs rose sur le rouge (pages 6-3). Piquez sur le tracé de gauche. Ouvrez les réserves de couture au fer (schéma 25).

25

Verso

Épinglez, endroit contre endroit, le rectangle de tissu à motifs jaune sur le violet (pages 4-5). Piquez sur le tracé de gauche. Ouvrez les réserves de couture au fer (schéma 26).

26

Assemblage du recto et du verso

Superposez, endroit contre endroit, l'assemblage des tissus à motifs rose et rouge (page 6-3) et des tissus jaune et violet (4-5) et épinglez-les. Épinglez le morceau de ouatine de 46 x 24 cm sur l'envers de l'assemblage des tissus rose et rouge (schéma 27). Piquez sur le tracé en ménageant une ouverture de 5 cm. Crantez les angles, retournez sur l'endroit et fermez l'ouverture au point droit.

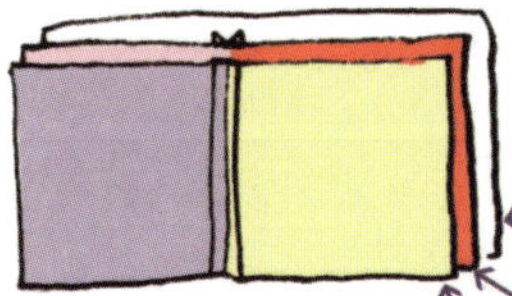

27

Insérez le papier miroir dans la fenêtre du miroir page 3 (schéma 28). Pensez à l'enlever lorsqu'il sera nécessaire de laver le livre !

28

Assemblage de A et B (reliure)

Superposez les deux doubles pages en plaçant le verso de A (pages 2-7) contre le recto de B (pages 6-3) comme sur le schéma 29.

29

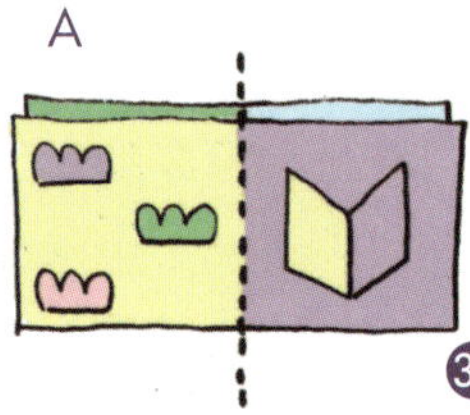

30

Épinglez-les ensemble et faites une piqûre verticale au centre, le long de la couture d'assemblage (schéma 30). Prenez garde à la couleur de votre fil à coudre : bleu marine sur la couverture, blanc à l'intérieur du livre.

Les accessoires du livre

Le Lapin

Reportez le patron du doudou Lapin sur l'envers des 2 rectangles de velours côtelé crème. Indiquez également les ouvertures (pour retourner l'ouvrage et pour insérer les bras).

Reportez 2 fois le patron du nez dans la feutrine orange et 4 fois celui des joues dans la feutrine rose. Découpez les pièces sans marge de couture. Positionnez-les avec une épingle sur l'endroit des rectangles de velours côtelé crème et vérifiez par transparence leurs emplacements par rapport au tracé sur l'envers. Piquez-les à 3 mm de la feutrine. Brodez les yeux avec le fil à broder noir : sur l'un les yeux ouverts avec deux gros points, sur l'autre les yeux fermés avec deux demi cercles (voir photographies).

Superposez, endroit contre endroit, les 2 rectangles de velours côtelé crème et épinglez-les. Vérifiez que les tracés des contours du doudou coïncident bien : piquez une épingle sur le tracé, et regardez si elle ressort bien au même endroit du dessin de l'autre côté. Piquez sur le tracé, en laissant libres les ouvertures. Découpez à 1 cm du tracé et crantez les angles.

Pliez en deux, endroit contre endroit, une chute de velours côtelé crème, et reportez 2 fois le patron du bras du doudou Lapin. Dépliez le velours côtelé crème et épinglez 2 petits cercles de velcro (côté doux) sur l'endroit et vérifiez par transparence leurs emplacements par rapport au tracé sur l'envers. Et piquez-les au point droit, à 3 mm du bord. Les petits velcro serviront à accrocher le doudou carotte et la brosse à dents. Repliez en deux le velours côtelé crème, endroit contre endroit et piquez le long du tracé en laissant libre le bas. Découpez à 1 cm du tracé et crantez les angles. Insérez les bras dans les ouvertures en disposant un velcro sur chaque face du doudou. Laissez dépasser les bords de 1 cm

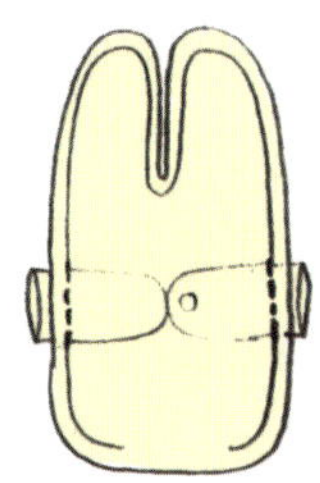
31

(schéma 31). Retournez sur l'endroit, remplissez de ouate et fermez l'ouverture à points glissés.

Le doudou carotte

Reportez le patron de la carotte sur l'envers de 2 chutes de tissu uni orange. Indiquez également les ouvertures (pour retourner l'ouvrage et pour insérer la feuille). Brodez les yeux et la bouche de la carotte, avec le fil à broder noir sur l'endroit d'un des morceaux . Épinglez 1 petit cercle de velcro (côté agrippant) sur l'endroit de l'autre morceau et vérifiez par transparence son emplacement par rapport au tracé sur l'envers. Piquez-le au point droit, à 3 mm du bord. Superposez, endroit contre endroit, les deux morceaux de tissu orange et épinglez-les. Vérifiez que les tracés des contours coïncident bien. Piquez sur le tracé, en laissant libres les ouvertures. Découpez à 1 cm du tracé et crantez les angles.
Reportez le patron de la feuille sur une chute de feutrine verte et découpez la pièce sans marge de couture. Insérez-la dans l'ouverture du haut, en laissant son extrémité dépasser de 1 cm (schéma 32) et cousez-la. Retournez sur l'endroit et refermez l'ouverture au point droit.

32

Variante : Le doudou du Lapin est ici une carotte mais vous pouvez lui donner la forme du doudou de votre enfant : ours, petit lange etc...

La brosse à dents

Reportez le patron de la brosse à dents sur l'envers d'une chute de tissu uni violet. Indiquez également les ouvertures (pour retourner l'ouvrage et pour insérer les poils de la brosse). Épinglez 1 petit cercle de velcro (côté agrippant) sur l'endroit du tissu uni violet et vérifiez par transparence son emplacement par rapport au tracé sur l'envers. Piquez-le au point droit, à 3 mm du bord. Découpez un autre morceau de tissu uni violet de même format et superposez-les, endroit contre endroit. Épinglez-les et piquez sur le tracé, en laissant libres les ouvertures. Découpez à 1 cm du tracé et crantez les angles. Reportez le patron des poils sur une chute de feutrine blanche et découpez la pièce sans marge de couture. Insérez-la dans une des deux ouvertures, en laissant son extrémité dépasser de 5 mm (schéma 33) et cousez-la. Retournez sur l'endroit et refermez l'ouverture au point droit.

33

Le pyjama

Pliez une chute de tissu à rayures en deux, endroit contre endroit. Reportez dessus le patron du pyjama. Piquez le long du tracé en laissant libre le haut. Découpez la pièce en laissant 1 cm de large autour de la poche et 1,5 cm en haut. Crantez les angles et retournez sur l'endroit. Envers contre envers, faites un ourlet de 5 mm et piquez-le au point droit (schéma 34). Retournez l'ourlet vers l'extérieur sur 5 mm et faites une piqûre centrale au point droit pour créer un effet ceinture (schéma 35). Découpez 2 petits cercles dans une chute de feutrine bleue de 7 mm de diamètre. Cousez-les à 1,5 cm du haut du pyjama, en dessinant une croix sur chaque face du pyjama (schéma 36).

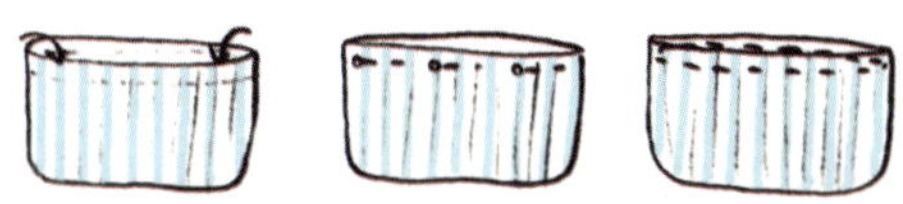

34

35

36

Ma petite maison

★★★

Véritable univers à lui tout seul, ce livre présente toutes les pièces de la maison : le salon, la cuisine, la salle de bain et la chambre. Chaque petit élément – téléphone, refrigérateur, baignoire, armoire - y est fidèlement représenté pour le plaisir des grands et des petits... Avec ses figurines à l'image des membres de la famille, le livre une fois posé sur un support se transforme en maison de poupée !

VIC

PAGE 1

PAGES 2-3

PAGES 4-5

PAGES 6-7

PAGES 8-9

PAGE 10

Matériel

Général
• 70 x 70 cm de feutrine blanche (meubles)
• Fils à coudre : gris foncé (appliqués en feutrine blanche) et blanc (assemblage)
• Entoilage polyester thermocollant double face de 2 ou 3 mm d'épaisseur (il doit être suffisamment rigide pour permettre à la maison de tenir debout lorsqu'elle est dépliée en carrousel) : 2 fois 55 x 27 et 1 fois 27 x 27 cm

Façade
• 55 x 9 cm de tissu à motifs orange (toit)
• 55 x 20 cm de tissu uni jaune (façade, porte et poche)
• 55 x 8 cm de polaire verte ou feutrine (gazon)
• Chute de feutrine épaisse orange (cheminée)
• Fil à coudre jaune
• Chute de PVC transparent (fenêtre)
• 40 cm de cordon de 5 mm de diamètre (fermeture du livre)

Salon
• 2 fois 30,5 x 21 cm de tissu uni vert clair (mur)
• 2 fois 30,5 x 10 cm de tissu à motifs assorti (sol)
• 3 chutes de tissu uni (rideaux, meuble du téléphone, canapé)
• Chute de tissu à motifs (tableau)
• Fils à coudre assortis pour les appliqués
• Chute de feutrine rouge (fleur dans le vase)
• 15 cm de croquet de 3 mm de large (fil du téléphone)
• Ficelle fine (nœuds des rideaux)

Cuisine
• 2 fois 28,5 x 21 cm de tissu uni gris (mur)
• 2 fois 28,5 x 10 cm de tissu à carreaux (sol)
• 2 chutes de tissu à motifs (intérieur du réfrigérateur, intérieur du congélateur) : choisissez des imprimés « comestibles » (légumes, fruits, glaces etc.)
• Chute de tissu uni rouge (meuble et table)
• Fil à coudre assorti pour les appliqués

Salle de bain
• 53 x 21 cm de tissu à motifs violet à carreaux (mur) : choisissez un imprimé qui rappelle le carrelage
• 53 x 10 cm de tissu éponge rose (sol)
• Chute de tissu brillant (miroir) : à chercher au rayon déguisement
• Chute de feutrine rose (papier toilette)
• 10 cm de cordon rose de 2 mm de diamètre (chasse d'eau)
• chute de PVC transparent (rideau de douche)
• Fil à coudre rose (rayures du rideau de douche)

Chambre
• 2 fois 30,5 x 21 cm de tissu uni bleu ciel (mur)
• 2 fois 30,5 x 10 cm de tissu à motifs assorti (sol)
• 2 chutes de tissu uni (couverture et armoire, table de chevet, intérieur de l'armoire et oreiller)
• Fils à coudre assortis pour les appliqués

Personnages
• Appareil photo
• Papier transfert pour tissu
• Imprimante
• Ouate de polyester
• Chute de tissu blanc

Patrons
Façade, pièce, éléments du salon, meubles de la cuisine : feuille détachable en fin d'ouvrage
Éléments de la cuisine, salle de bain et chambre : pages 88-91

Astuce

Le mariage des motifs et des tissus unis est la clé d'une jolie « déco » pour la maison. Choisissez des tissus unis aux teintes douces pour les murs des pièces, pour ne pas nuire à la lecture des formes des meubles. Choisissez des teintes plus vives pour les tissus des appliqués qui donneront de la vie à votre composition. Si vous ne voulez pas acheter du PVC en trop grande quantité, vous pouvez découper des protège-cahiers.

Prenez le temps de visualiser le chemin de fer* du livre (photographies et schéma 1) : à chaque double page correspond une pièce : façade, salon, cuisine, salle de bain, chambre.
Et reportez-vous au schéma de montage* du livre ci-contre : le livre est composé de deux doubles pages recto verso (A et C) et d'une page simple recto verso (B) fixées ensemble par deux coutures centrales. Les pages seront dans l'ordre après assemblage.

1

Préparation

Éléments en feutrine

Reportez les patrons des divers éléments sur la feutrine ou la polaire. Reportez les tracés des détails (petits pointillés rouges) au crayon de couturière effaçable et piquez-les au point droit avec le fil à coudre gris. Ces piqûres doivent être réalisées avant d'appliquer les feutrines. Découpez les pièces sans marge de couture au fur et à mesure que vous réalisez les pages.

Appliqués sur la feutrine blanche

Reportez les patrons des appliqués sur les différents tissus et découpez-les sans marge de couture. Épinglez-les sur la feutrine blanche et piquez les bords au point zigzag serré avec le fil à coudre assorti (voir Coudre des appliqués de tissu page 95).

Entoilage

Reportez sur l'entoilage thermocollant 1 fois le patron de la façade (double page A), 1 fois le patron de la pièce (page B) et 2 fois le patron de la pièce en l'inversant en miroir (double page C). Si l'entoilage thermocollant est trop souple, renforcez-le avec une seconde épaisseur d'entoilage rigide non thermocollant.

Réalisation de A

Recto

Superposez, endroit contre endroit, les rectangles de tissu de la façade, en les alignant sur un grand côté (schéma 2). Piquez-les ensemble, à 2 cm du grand côté. Sur l'envers, reportez à la craie le patron de la façade en alignant le bas du toit sur la piqûre, indiquez également l'ouverture pour la cheminée et le lacet. Reportez sur l'endroit les emplacements de la poche, de la fenêtre et de la porte avec un crayon de couturière effaçable.

❷

Posez le gazon en polaire verte sur l'endroit de l'assemblage de la façade à 3 mm du grand côté uni. Épinglez la poche (avec son appliqué et sa piqûre grise en haut) sur son emplacement et piquez-la avec le fil à coudre gris, à 3 mm des bords en laissant libre le haut (schéma 3).

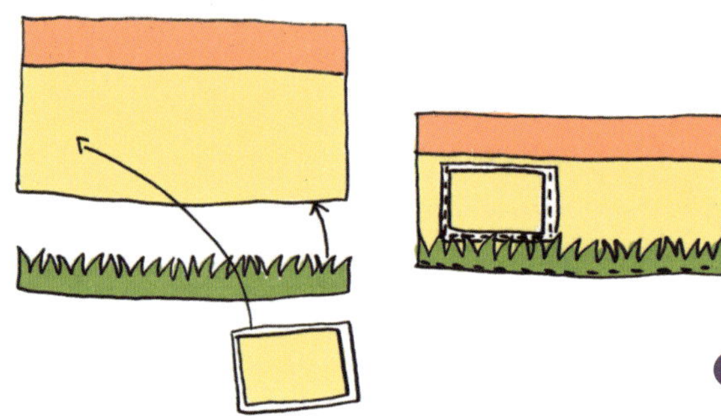

❸

Verso

Superposez, endroit contre endroit, un des rectangles de tissu du mur et du sol du salon, en les alignant sur un grand côté. Piquez-les ensemble, à 2 cm du grand côté. Superposez, endroit contre endroit, l'assemblage du salon par-dessus l'assemblage de la chambre. Piquez-les ensemble, à 2 cm du petit côté gauche (schéma 4). Reportez le patron de la façade, en alignant bien les coutures sur les repères du sol et de chaque pièce.

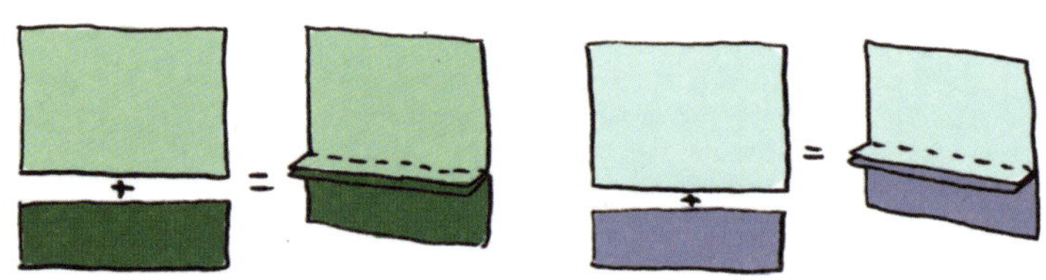

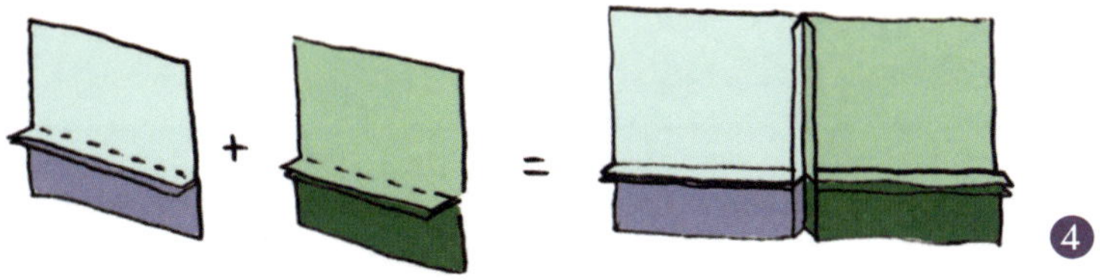

Sur l'endroit reportez l'emplacement de la découpe de la porte et de la fenêtre (trait rouge sur le patron), le tracé disparaîtra au moment où l'on percera les ouvertures (schéma 5).
Reportez le patron des rideaux dans le tissu uni et faites un ourlet de 5 mm sur trois côtés. Sur l'endroit, épinglez les éléments de feutrine blanche (schéma 6). Par transparence, vérifiez qu'ils ne soient pas trop près des repères du format de la page afin de ne pas être pris dans la couture du montage. Insérez les extrémités du croquet sous la feutrine du téléphone (au moins 2 cm) et les rideaux sous la tringle en feutrine blanche en plaçant les ourlés en bas. Piquez-les en dessinant un contour avec le fil à coudre gris, à 3 mm du bord. Prenez garde à l'ordre dans lequel vous les piquez : dans la chambre, piquez la tête de lit puis le lit dont le haut est déjà muni d'une piqûre. Laissez libre le haut pour pouvoir y glisser un personnage.

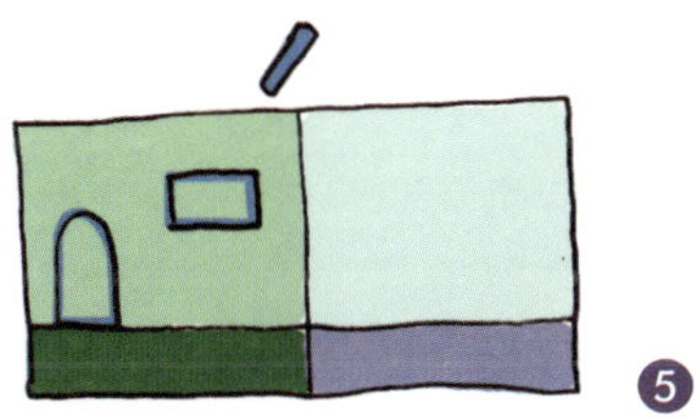

Épinglez l'appliqué du tapis du sol du salon en l'alignant sur le bas du mur (voir photographie) et piquez les bords au point zigzag serré avec le fil à coudre assorti. Coupez deux petits morceaux de ficelle et nouez-les aux rideaux.

Assemblage du recto et du verso

Coupez délicatement les fils qui dépassent sur l'envers avant d'assembler pour qu'ils n'apparaissent pas par transparence. Superposez, endroit contre endroit, la façade (pages 10-1) et l'assemblage du salon et de la chambre (pages 2-9) et épinglez-les. Vérifiez que les tracés des contours de la maison coïncident bien. Piquez sur le tracé en ménageant une ouverture de 5 cm en plus de celle de la cheminée et des cordons (schéma 7). Insérez les deux cordons en laissant leurs extrémités dépasser de 2 cm ainsi que la cheminée en feutrine et cousez-les. Découpez à 1 cm du tracé, crantez les angles (voir page 95) et retournez sur l'endroit. Insérez l'entoilage et repassez pour fixer l'ensemble. Refermez à points glissés. Nouez les extrémités des deux cordons.

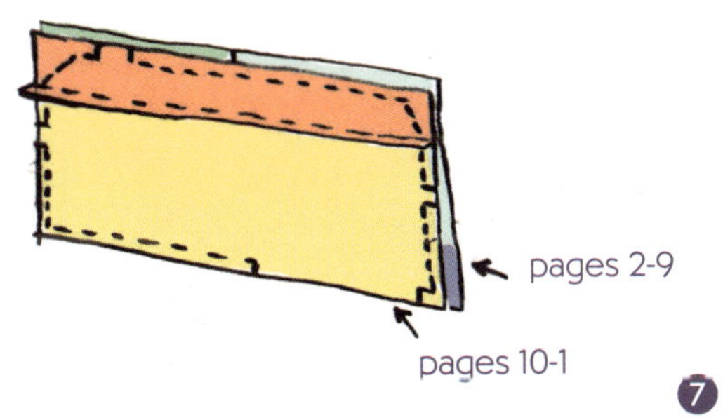

Porte et fenêtre

Côté salon, piquez sur les tracés de la porte et de la fenêtre au point zigzag serré avec le fil à coudre blanc, en prenant garde de ne pas prendre dans la piqûre les rideaux, le fil du téléphone et le gazon (épinglez-les si nécessaire). Évidez l'intérieur de la porte et de la fenêtre au ras de la piqûre avec des ciseaux. Découpez un rectangle de PVC transparent de même format que la fenêtre en feutrine, placez-le sous la feutrine et piquez au point droit avec le fil à coudre gris une croix au centre, puis un contour à 3 mm des carreaux.

Côté façade, épinglez la fenêtre sur l'ouverture précédemment créée et piquez au point droit, à 3 mm du bord de la feutrine. De la même manière épinglez ensuite la porte déjà munie de son appliqué et de ses piqûres grises (contours à droite et poignée) et piquez-la à 3 mm du bord gauche de la feutrine.

Réalisation de B

Recto et verso

Superposez, endroit contre endroit, un des rectangles de tissu du mur et du sol du salon, en les alignant sur un grand côté. Piquez-les ensemble, à 2 cm du grand côté (schéma 8). Reportez le patron de la pièce de la maison en alignant le bas du mur sur la piqûre. Procédez de la même façon avec les tissus de la cuisine, mais en reportant cette fois le patron de la pièce en miroir.

8

Sur l'endroit, épinglez les éléments de feutrine blanche avec leurs appliqués et piqûres grises (schéma 9) en insérant l'extrémité de la fleur en feutrine rouge sous le haut du vase. Par transparence, vérifiez qu'ils ne soient pas trop près des repères du format de la page ni de la reliure afin de ne pas être pris dans la couture du montage. Piquez-les en dessinant un contour avec le fil à coudre gris, à 3 mm du bord. Prenez garde à l'ordre dans lequel vous les piquez : commencez par la cuisine équipée puis épinglez les portes du réfrigérateur et du congélateur dont les contours à droite et les poignées sont déjà munis d'une piqûre, piquez-les à 3 mm du bord gauche de la feutrine.

Note : Vous pouvez personnaliser à l'envie votre maison, en remplaçant le tissu de l'appliqué du tableau du salon par une photo sur papier transfert, en ajoutant dans la cuisine une porte pour le four et un appliqué « petits gâteaux » ou bien en créant une étagère à épices...

9

Assemblage du recto et du verso

Coupez délicatement les fils qui dépassent sur l'envers avant d'assembler pour qu'ils n'apparaissent pas par transparence. Superposez, endroit contre endroit, le salon (page 3) sur la cuisine (page 4). Piquez sur le tracé en ménageant une ouverture de 5 cm sur la droite (schéma 10). Découpez à 1 cm du tracé, crantez les angles et retournez sur l'endroit. Insérez l'entoilage et repassez pour fixer l'ensemble. Refermez à points glissés.

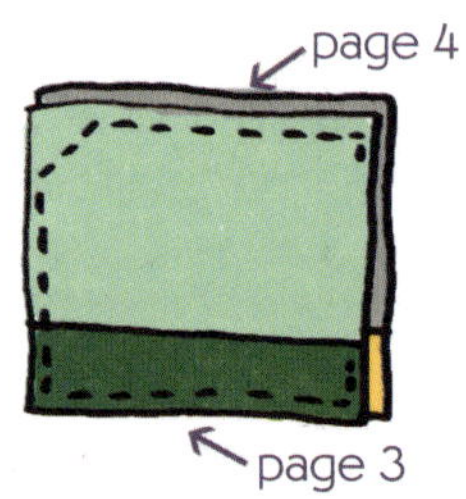

10

Réalisation de C

Recto

Superposez, endroit contre endroit, un des rectangles de tissu du mur et du sol de la chambre, en les alignant sur un grand côté. Piquez-les ensemble, à 2 cm du grand côté. Superposez, endroit contre endroit, l'assemblage de la chambre sur l'assemblage de la cuisine. Piquez-les ensemble, à 2 cm du petit côté gauche (schéma 11).

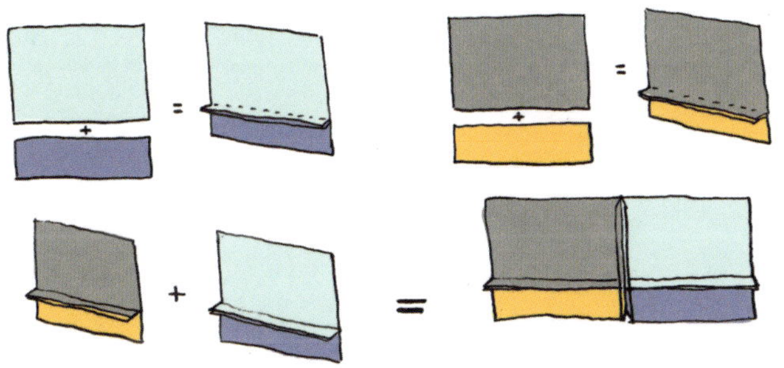

11

Reportez le patron de la pièce 2 fois en l'inversant en miroir, en alignant bien les coutures sur les repères du sol et de chaque pièce. Sur l'endroit, épinglez les éléments de feutrine blanche avec leurs appliqués et piqûres grises (schéma 12). Par transparence, vérifiez qu'ils ne soient pas trop près des repères du format de la page ni de la reliure afin de ne pas être pris dans la couture du montage. Piquez-les en dessinant un contour avec le fil à coudre gris, à 3 mm du bord. Prenez garde à l'ordre dans lequel vous les piquez. Dans la chambre, commencez par l'armoire, puis piquez le crochet du cintre (le reste du vêtement est déjà muni d'une piqûre) ; épinglez ensuite les portes (dont les contours sont déjà munis d'une piqûre) et piquez-les à droite et à gauche à 3 mm du bord. Procédez de la même façon pour la maison de poupée. Dans la cuisine, commencez par les assiettes sur l'appliqué de la table, puis piquez le contour de la table dont le centre en haut et en bas sont déjà munis d'une piqûre. Prenez garde à laisser libre le milieu pour y glisser un personnage.

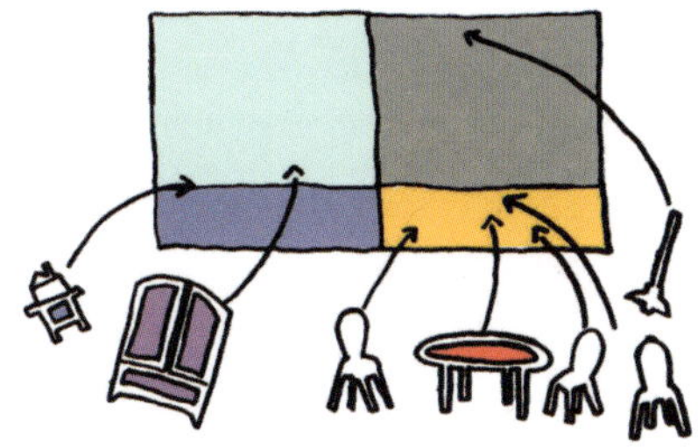

12

Note : Vous pouvez remplacer le vêtement pendu dans l'armoire par une robe ou appliquer une peluche à la place de la maison de poupée... Tout est possible !

Verso

Superposez, endroit contre endroit, les rectangles de tissu du mur et du sol de la chambre, en les alignant sur un grand côté. Piquez-les ensemble, à 2 cm du grand côté (schéma 13). Sur l'envers reportez à la craie le patron de la pièce 2 fois en l'inversant en miroir, en alignant bien les coutures sur le repère du sol.

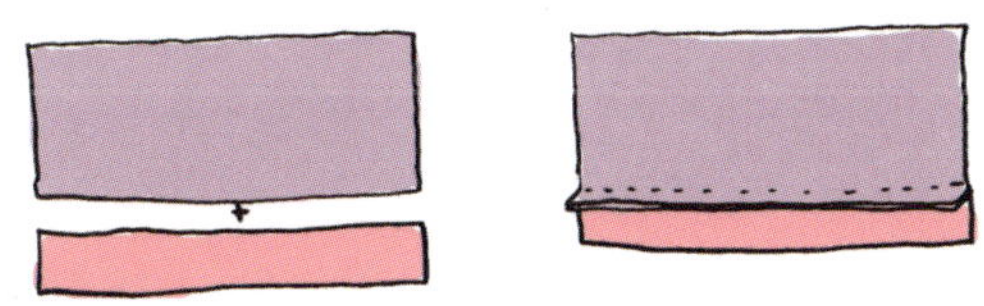

13

Découpez un rectangle de 18 x 12 cm dans le PCV transparent, faites un ourlet de 5 mm et piquez-le avec du fil à coudre rose, faites des piqûres verticales tous les 7 mm. Faites un petit nœud à l'extrémité du cordon rose. Sur l'endroit, épinglez les éléments de feutrine blanche avec leurs appliqués et piqûres grises (schéma 14). Pensez à insérer l'extrémité (au moins 1 cm) du rideau sous la tringle, la feutrine rose du papier toilette sous le distributeur, et le cordon sous la feutrine de la chasse d'eau. Par transparence, vérifiez qu'ils ne soient pas trop près des repères du format de la page afin de ne pas être pris dans la couture du montage et ne placez aucun élément au milieu de la double page afin qu'ils ne soient pas pris dans la reliure (assemblage de A, B et C). Piquez-les en dessinant un contour avec le fil à coudre gris, à 3 mm du bord. Prenez garde à laisser libre le haut de la baignoire, déjà muni d'une piqûre, pour y glisser un personnage.

Note : Vous pouvez remplacez le PVC transparent par un PVC à motifs, voire une chute de véritable rideau de douche !

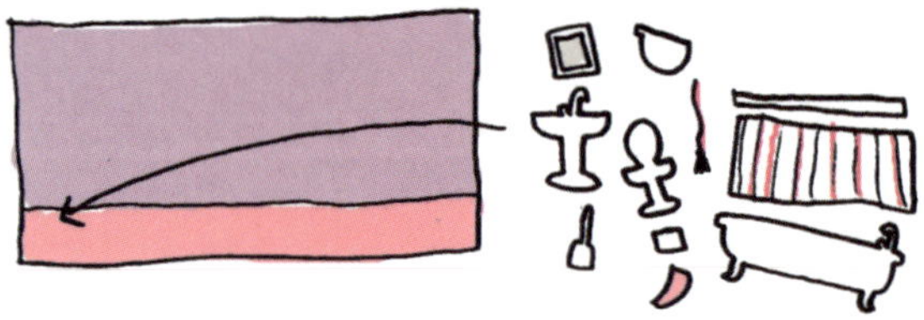

14

Assemblage du recto et du verso

Coupez délicatement les fils qui dépassent sur l'envers avant d'assembler pour qu'ils n'apparaissent pas par transparence. Superposez, endroit contre endroit, l'assemblage de la chambre et de la cuisine (pages 8-5) et la salle de bain (pages 6-7) puis épinglez-les. Piquez sur le tracé en ménageant une ouverture de 5 cm (schéma 15). Coupez à 1 cm du tracé, crantez les angles et retournez sur l'endroit. Insérez l'entoilage et repassez pour fixer l'ensemble. Refermez à points glissés.

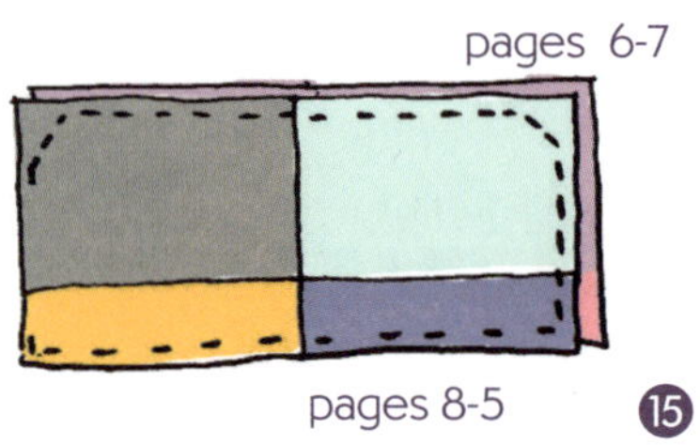

15

Assemblage de A, B et C (reliure)

Superposez les deux doubles pages en plaçant le verso de A (pages 2-9) contre le recto de C (pages 8-5), en insérant la page simple B en sandwich entre les deux comme sur le schéma 16. Épinglez-les ensemble et faites deux piqûres verticales avec le fil à coudre blanc, à 5 mm en partant du centre (schéma 17). Cette tranche de 1 cm maintient toutes les pages entre elles et cache la marge de couture de la page B.

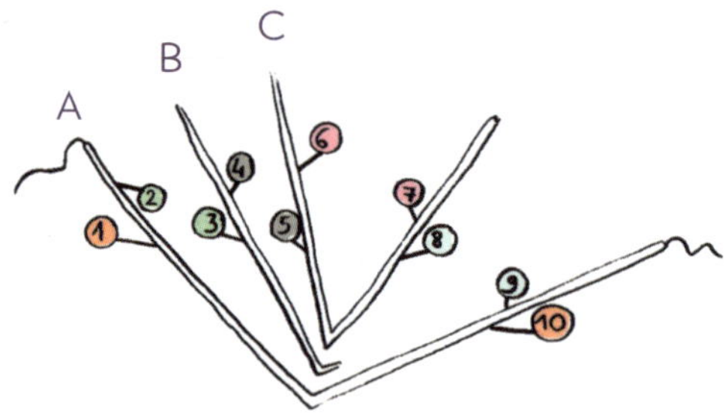

16

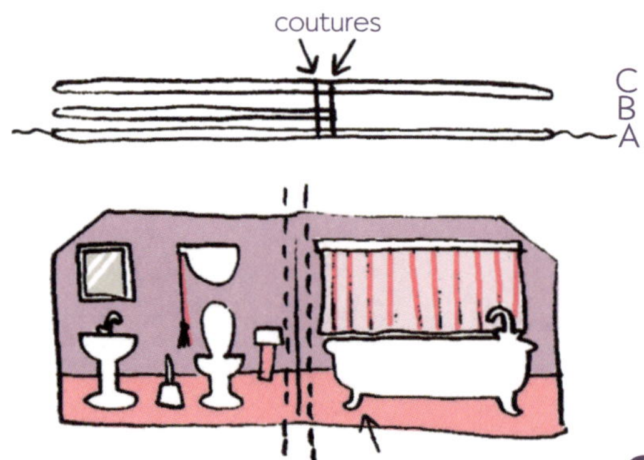

17

Réalisation des personnages

Prenez en photo les membres de la famille devant un fond blanc, jambes serrées et bras écartés. Si vous en avez un, utilisez un pied, ainsi vous aurez le même cadrage et le même angle de vue sur toutes les photos (schéma 18).
Réduisez un peu la taille de vos photos pour obtenir une hauteur maximum de 17 cm pour un adulte et imprimez vos photos sur du papier transfert pour tissu. Fixez le transfert sur du tissu de coton blanc avec un fer à repasser.
Sur l'envers, tracez le contour du personnage à 5 mm : placez-vous devant une source de lumière (comme une fenêtre) pour le voir par transparence.
Superposez-le, endroit contre endroit, sur un deuxième morceau de coton blanc et épinglez-le. Piquez au point droit sur le tracé, en laissant une ouverture (schéma 19).
Découpez à 1 cm du tracé. Crantez les angles, retournez sur l'endroit, remplissez de ouate et fermez l'ouverture à points glissés (schéma 20).

19

20

18

Variante : Vous pouvez imprimer vos personnages sur du papier blanc cartonné (250 g). Vous pouvez aussi prendre en photo les membres de la famille de dos ! Ainsi vous aurez des poupées recto verso !

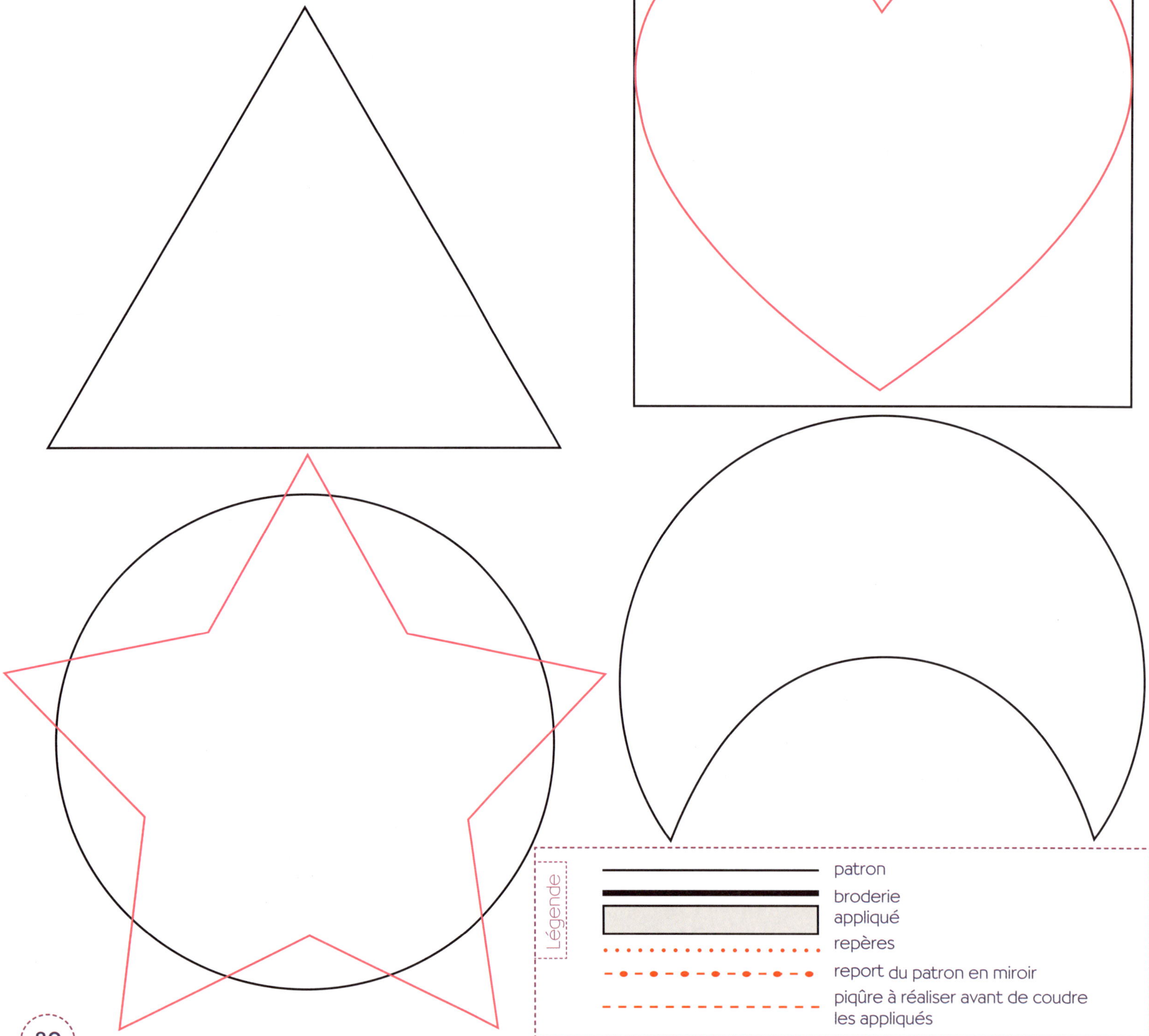
Légende
patron
broderie
appliqué
repères
report du patron en miroir
piqûre à réaliser avant de coudre les appliqués

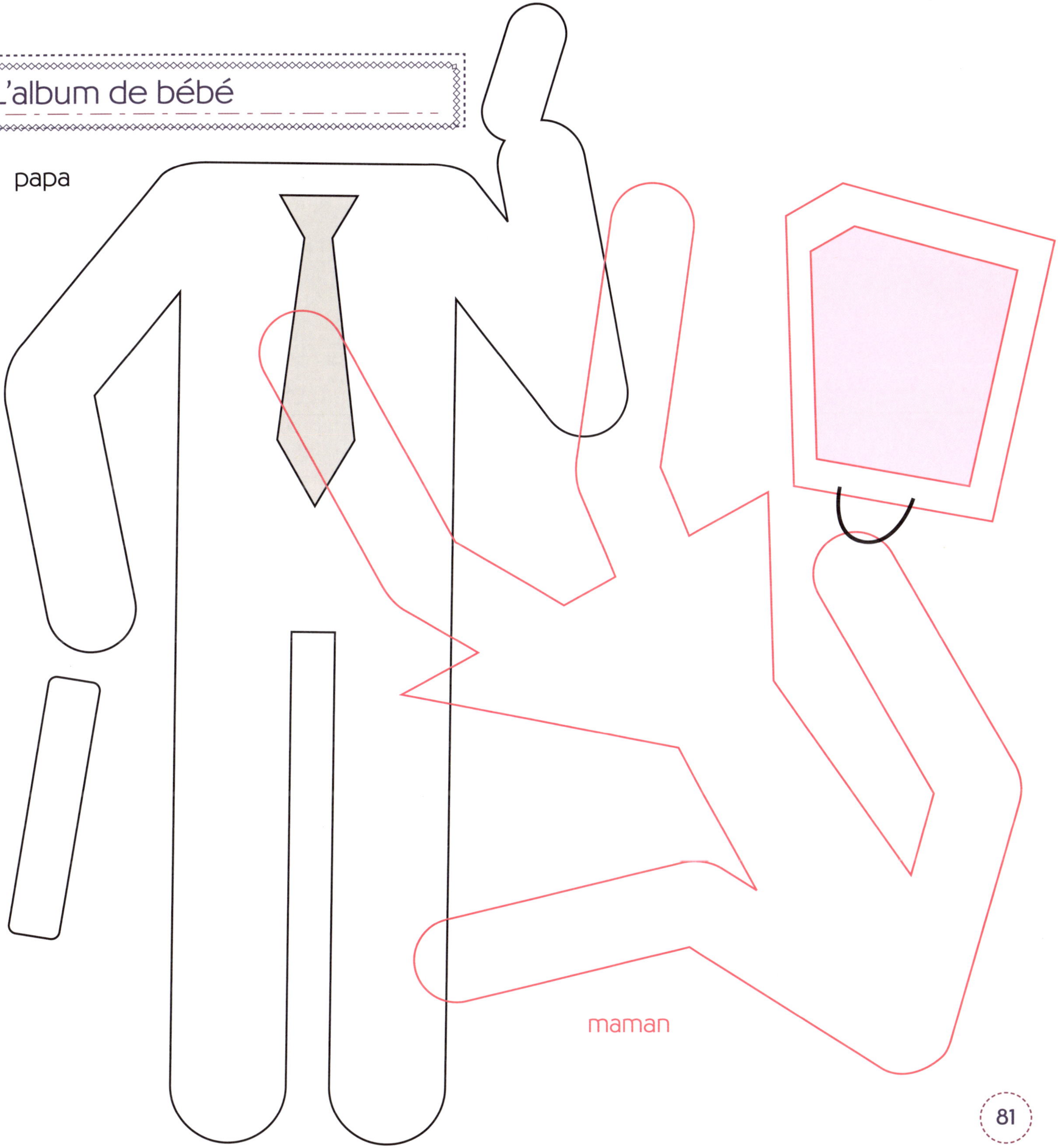
papa
maman

chien

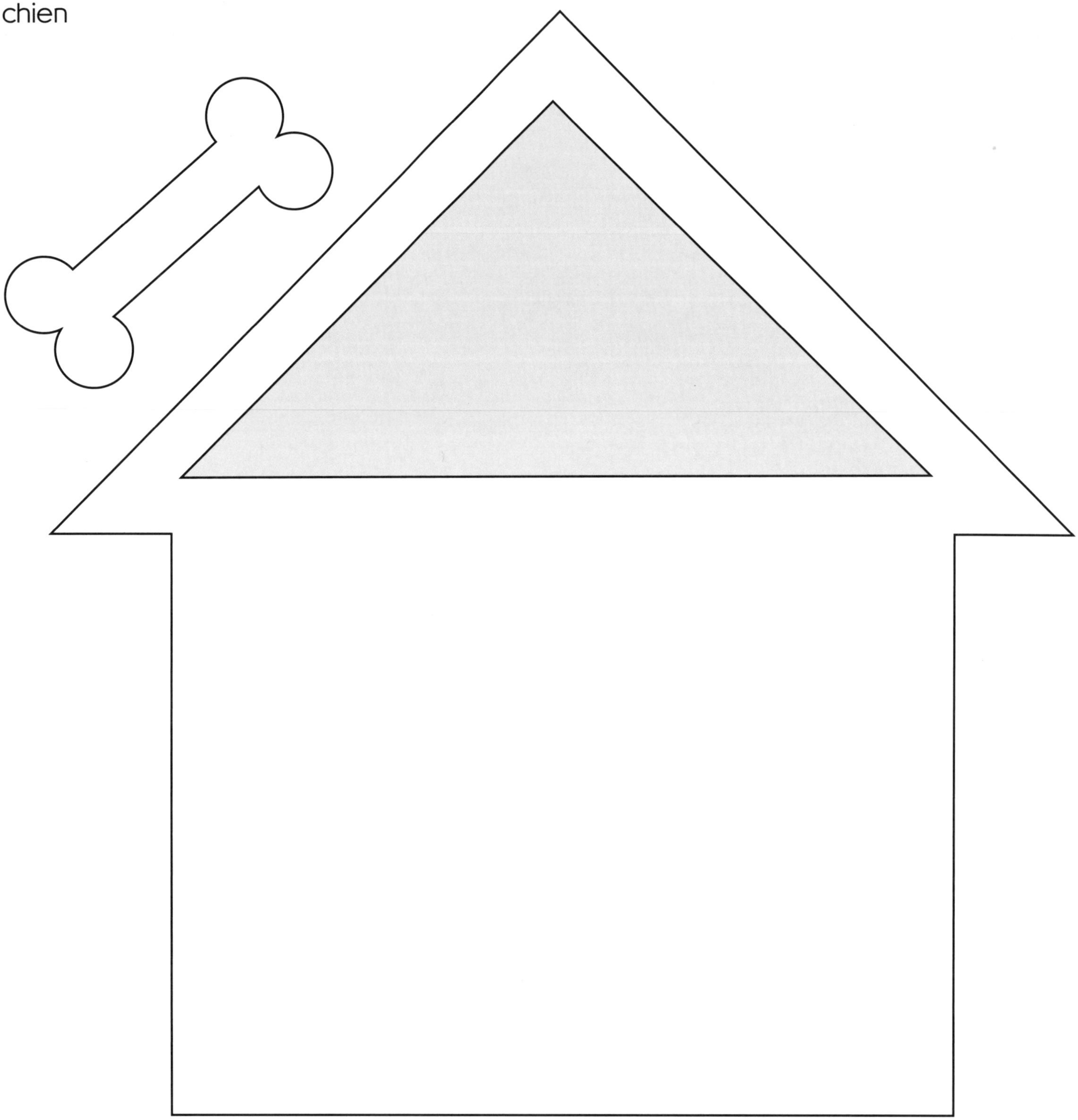

chat

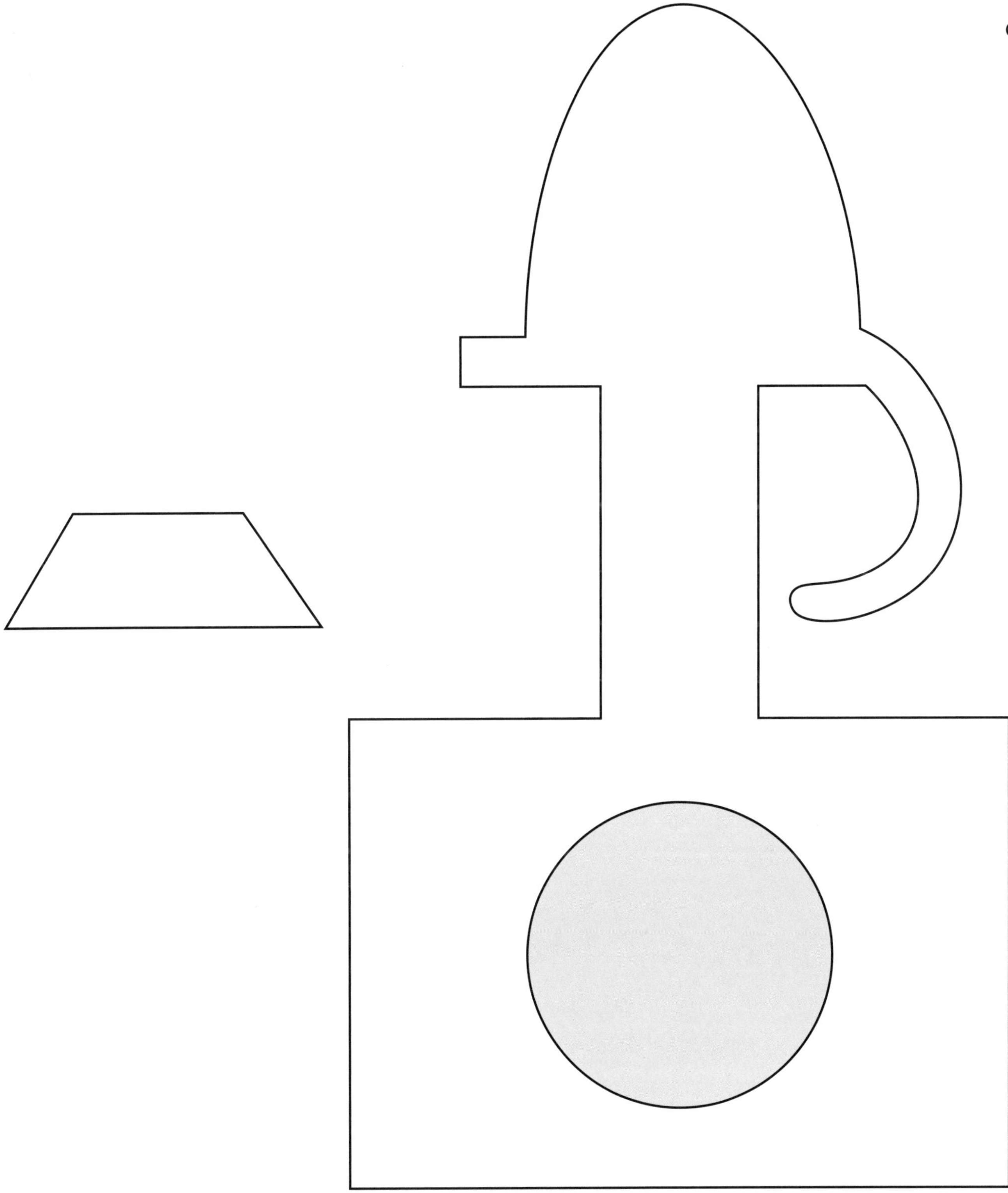

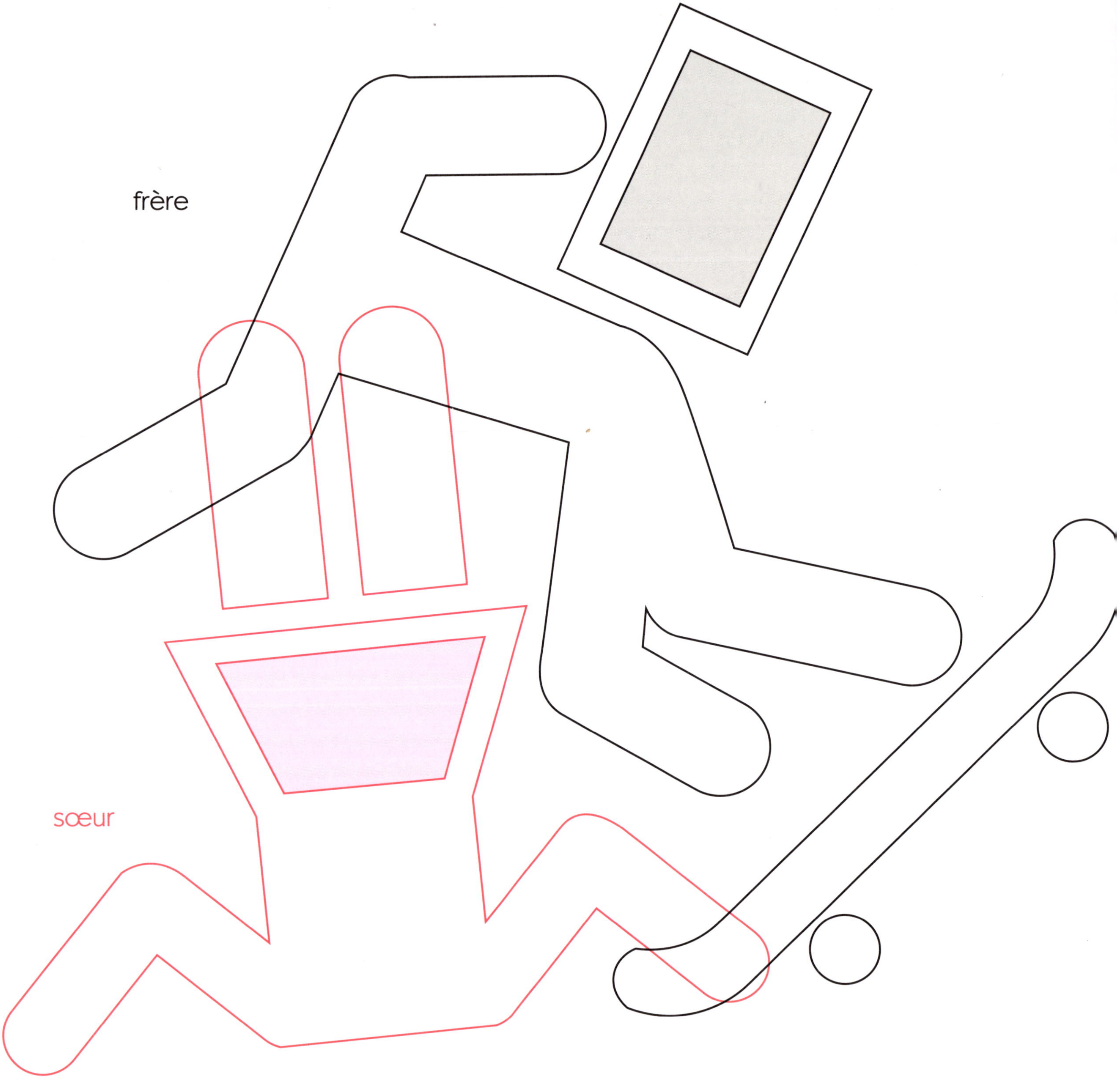
frère
sœur

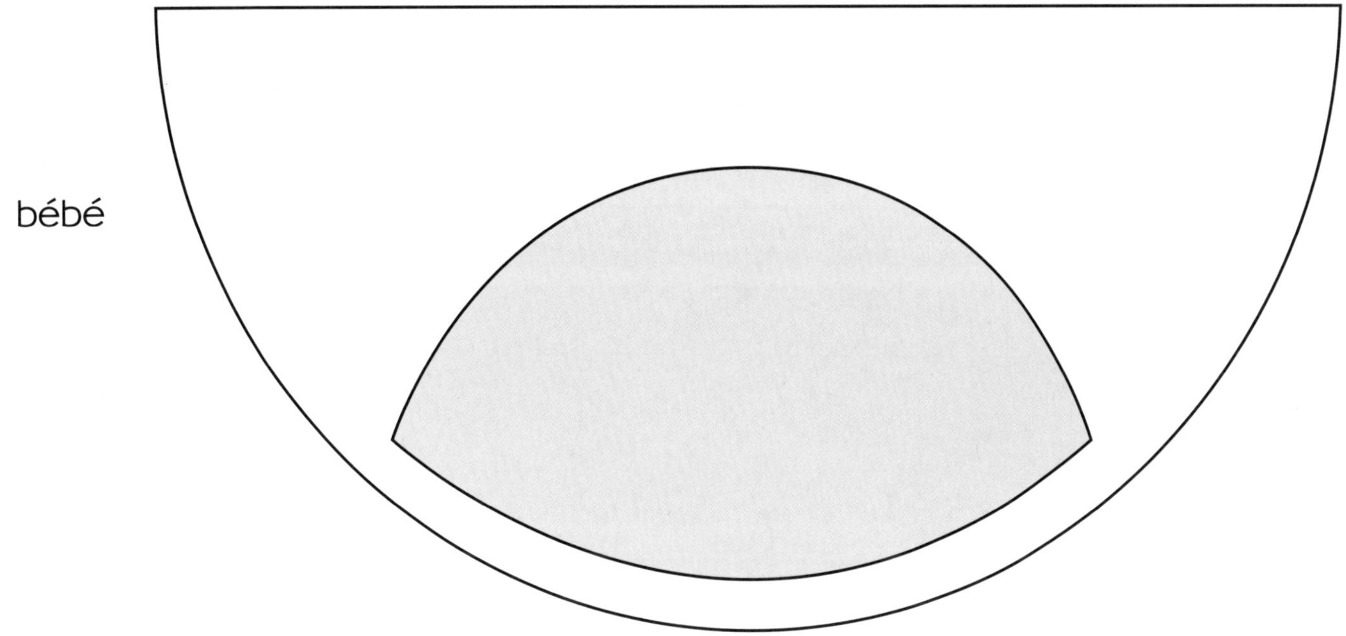

Pomme de reinette et pomme d'Api

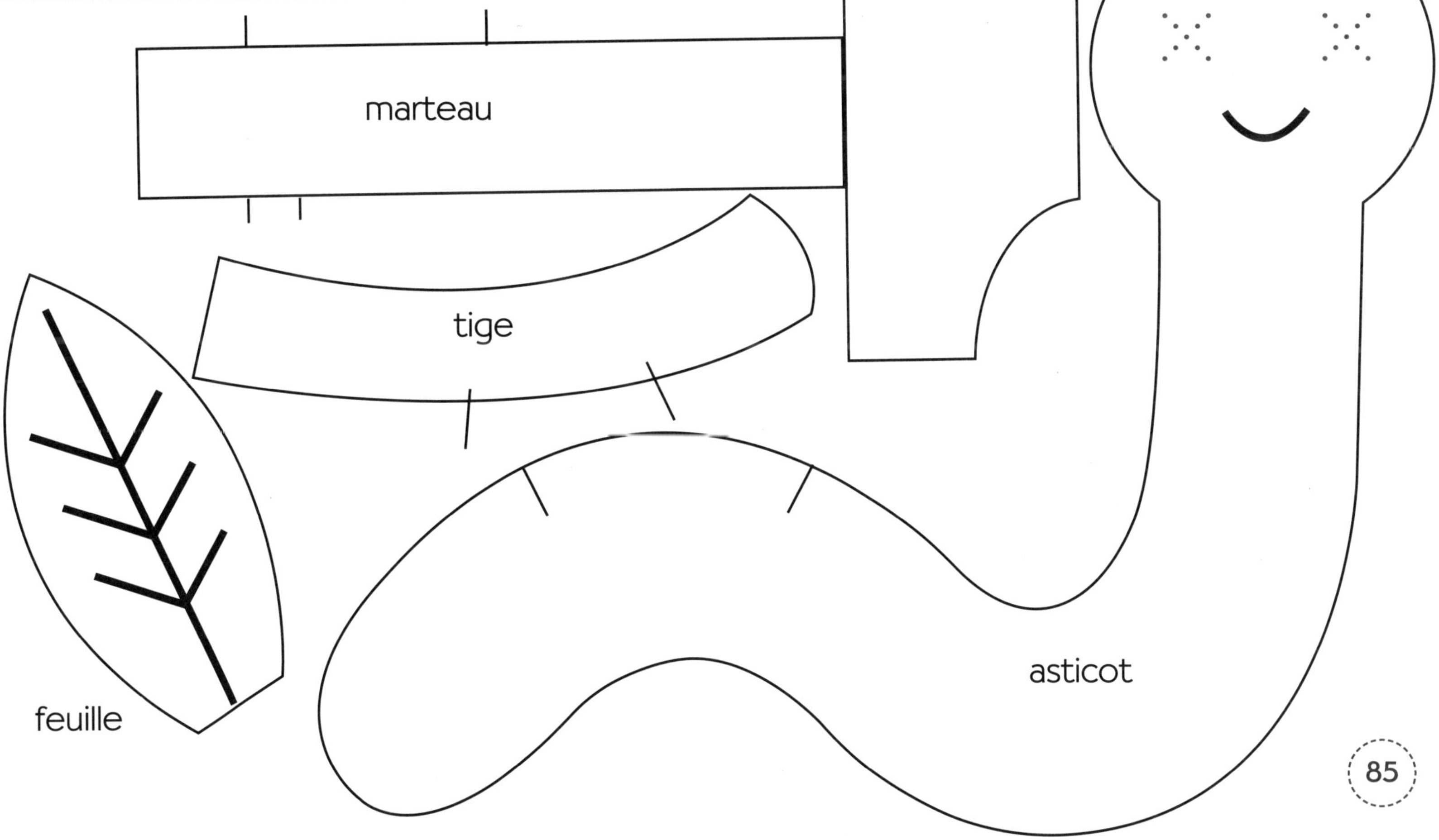

Bonne nuit

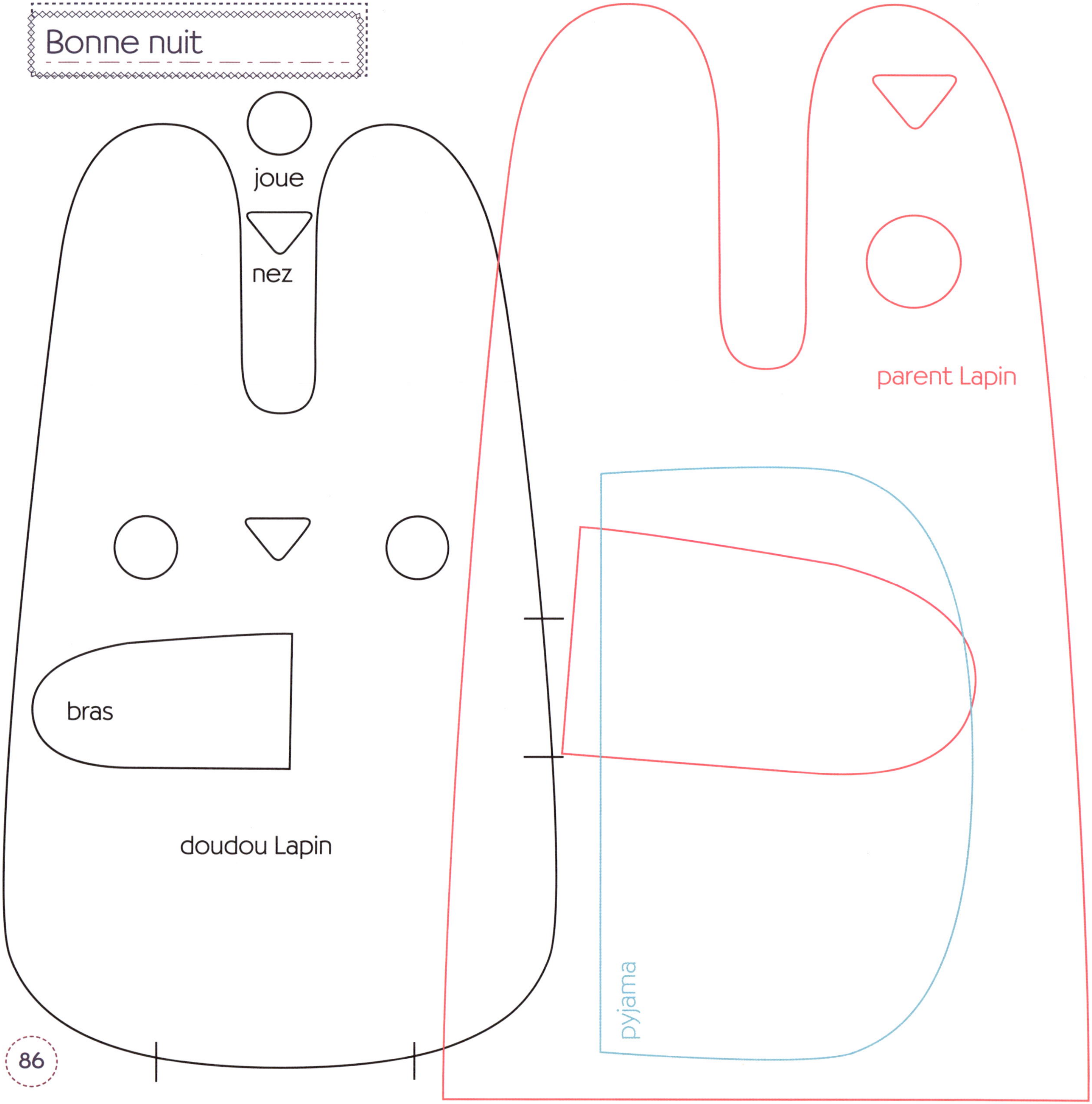

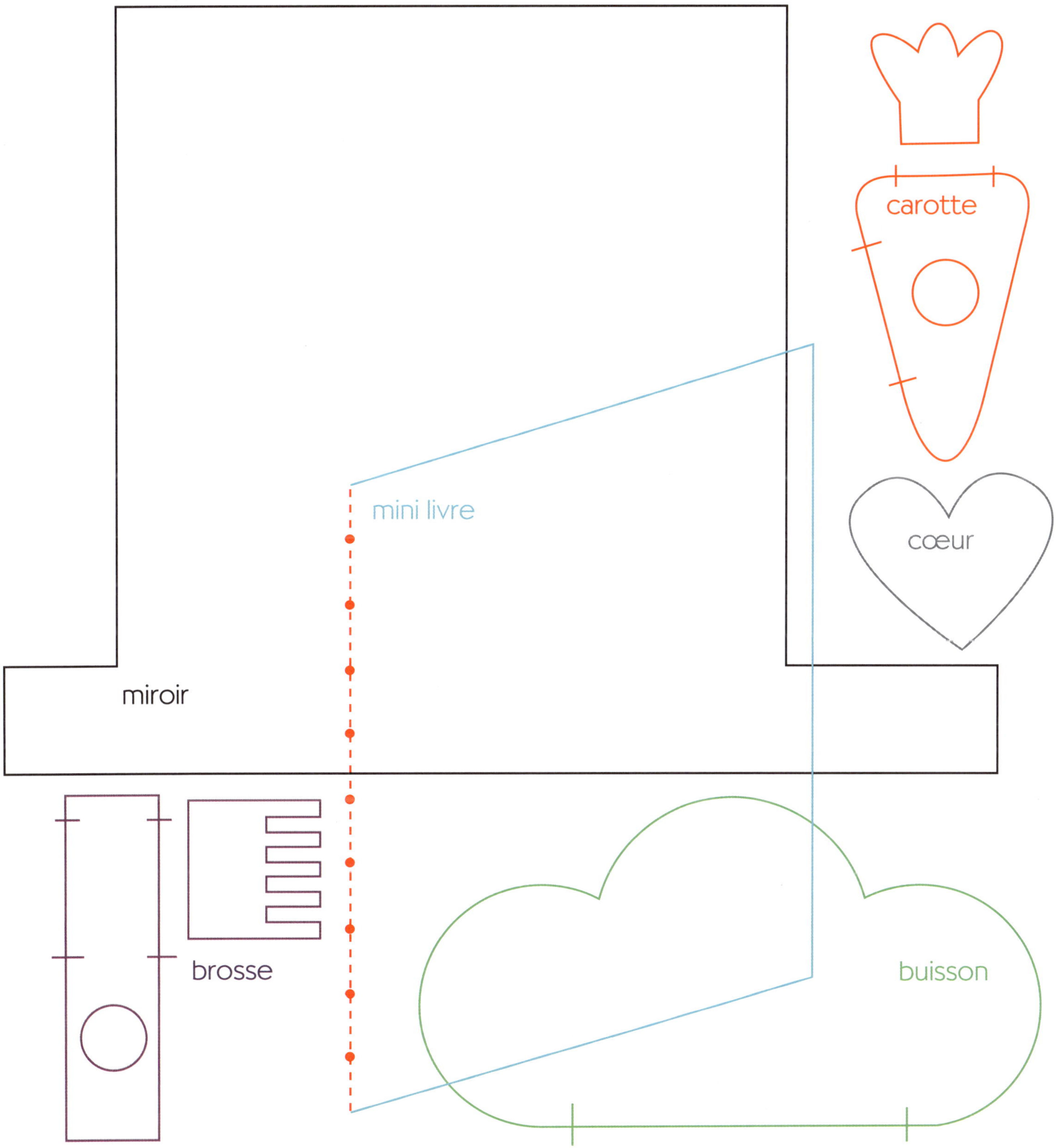
carotte
mini livre
cœur
miroir
brosse
buisson

Ma petite maison

cuisine

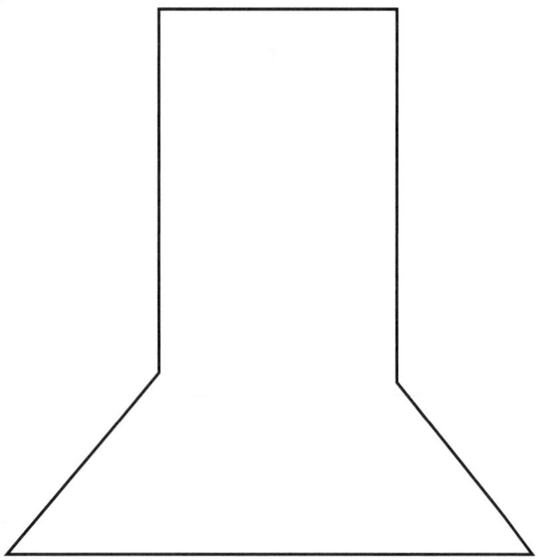

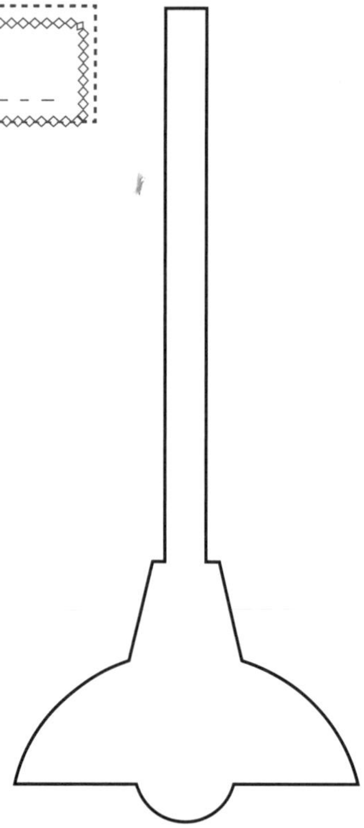

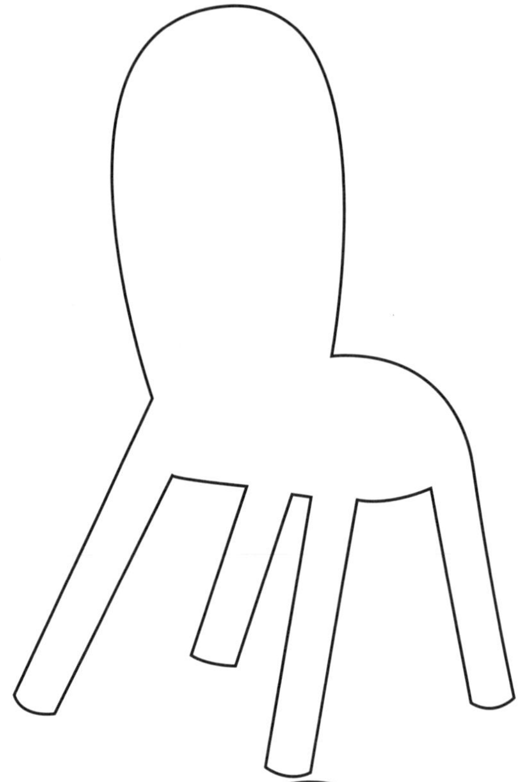

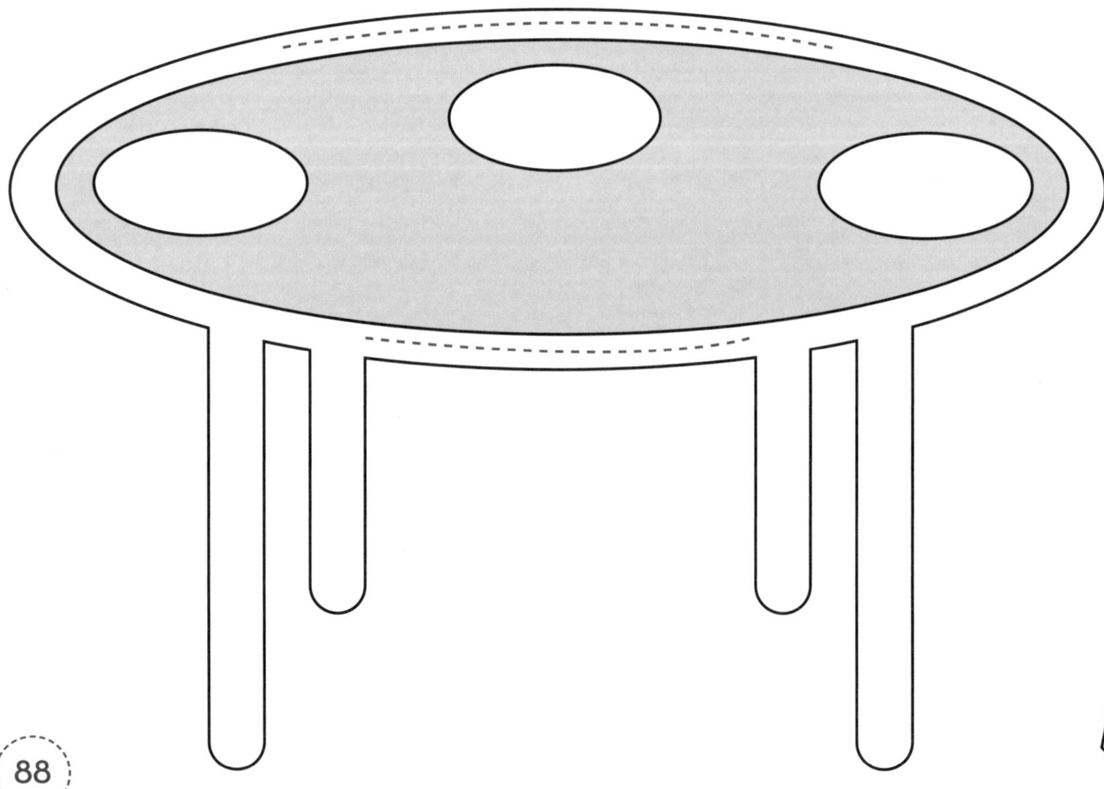

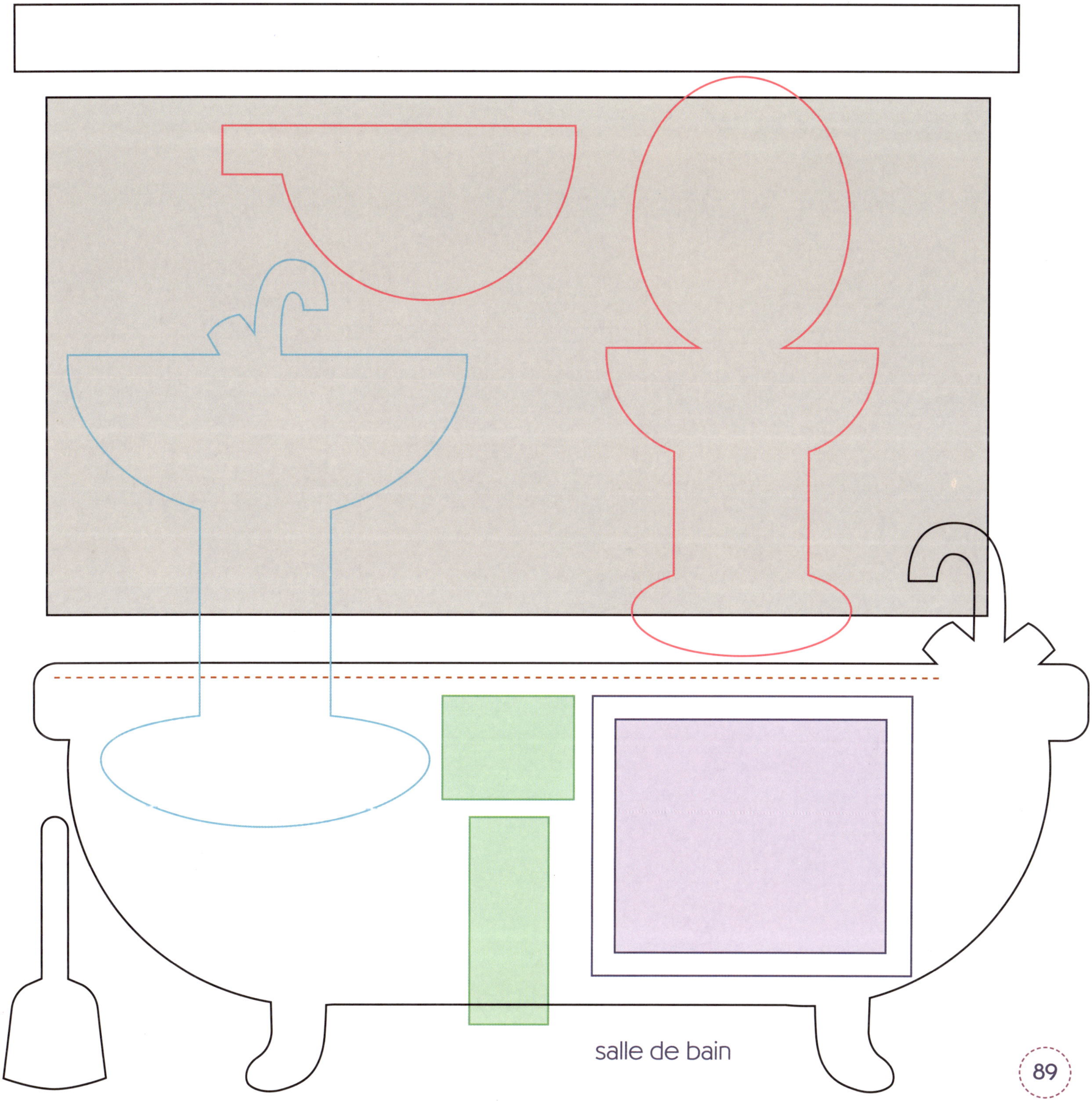
salle de bain

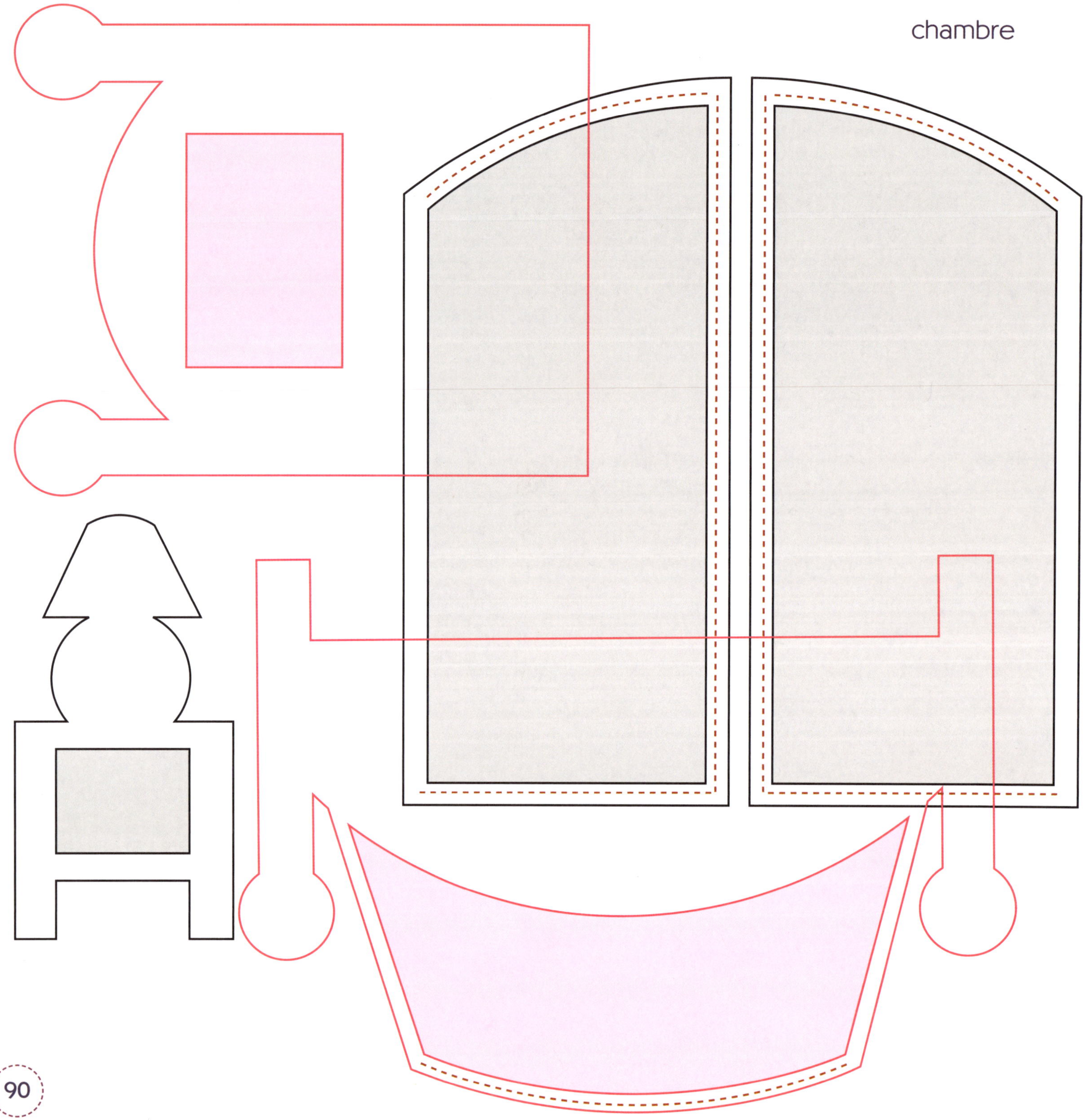

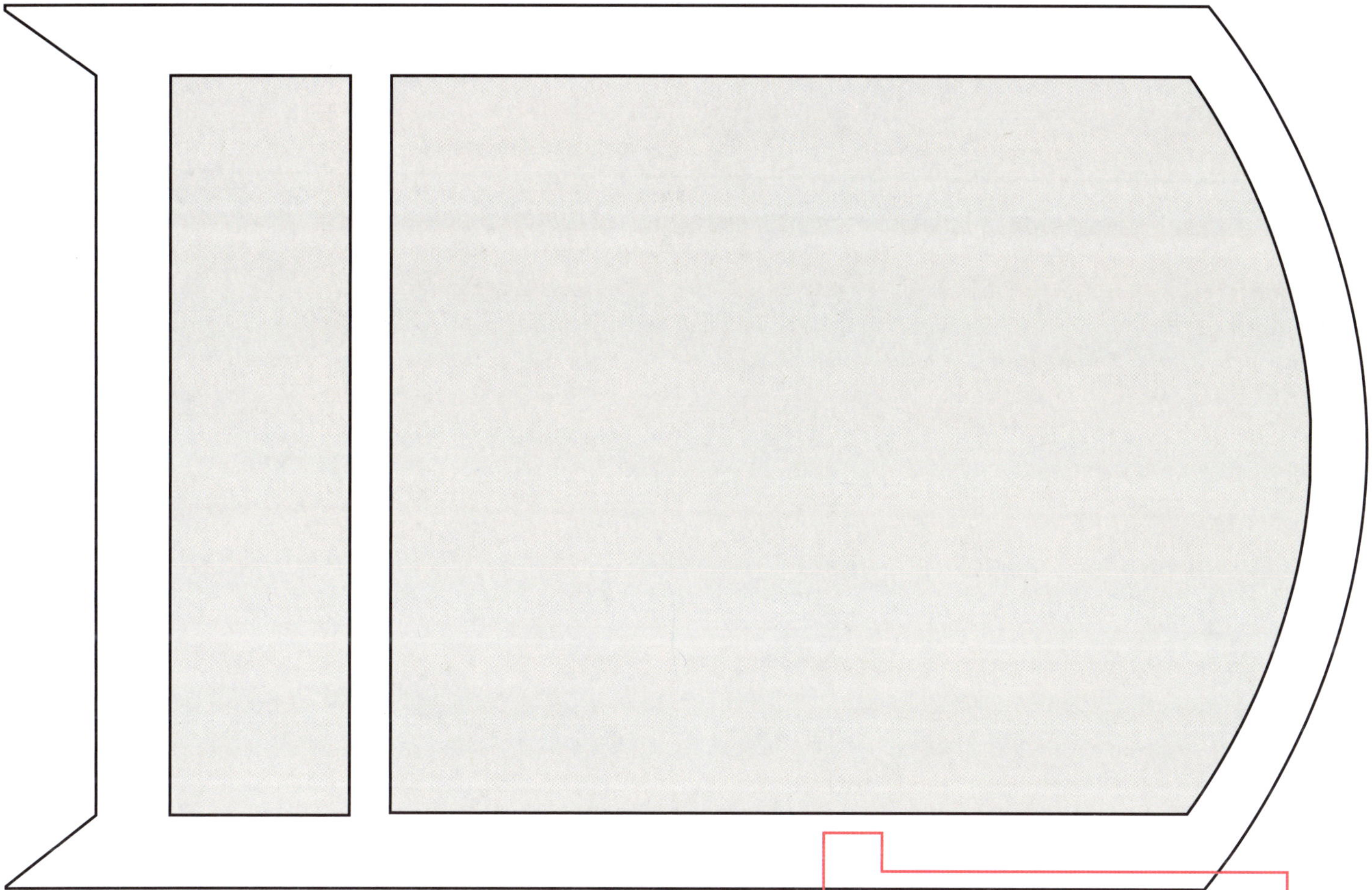

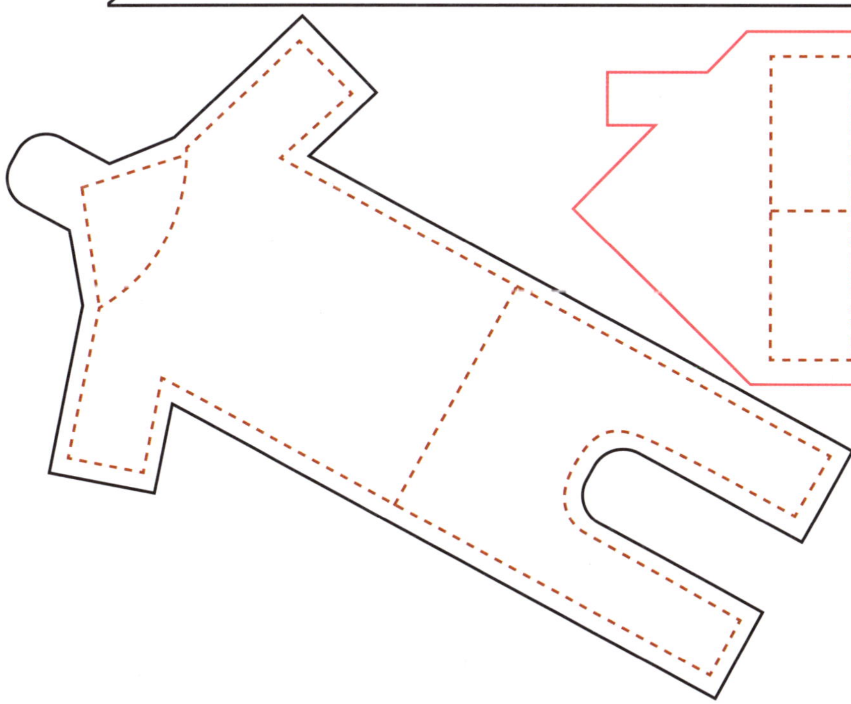

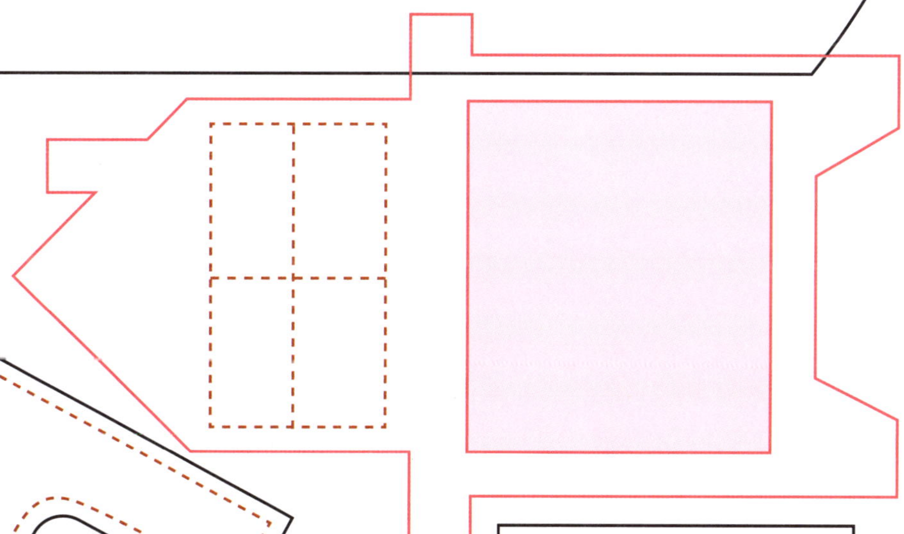

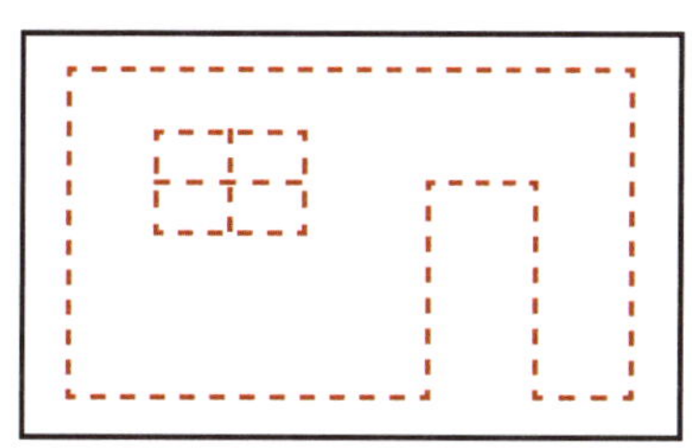

Créez votre propre livre en tissu

Cet ouvrage vous propose six modèles pour lesquels vous n'avez qu'à suivre les explications. Mais vous pouvez également vous lancer dans la création de votre propre livre tissu ! Il suffit de bien décomposer chaque étape.

Lexique

Le chemin de fer : On appelle ainsi le plan schématique du livre (terme utilisé en imprimerie). Il permet de visualiser d'un seul coup d'œil toutes les pages du livre dans l'ordre de lecture. Le schéma de montage du livre sera différent du chemin de fer.

La double page : Il s'agit des pages intérieures du livre (terme utilisé en imprimerie). Dans le chemin de fer, la page de gauche et la page de droite d'un livre sont schématisées comme un seul élément : la double page.

Le schéma de montage du livre : Il détermine dans quel ordre les pages doivent être assemblées. En effet, les pages du livre ne sont pas dans le bon ordre au début : elles ne le seront qu'au moment de la couture finale, celle qui lie les doubles pages recto et verso entre elles.

La pagination : C'est le nombre de pages d'un livre. Pour simplifier les explications, nous avons déterminé que la première page était la couverture du livre et le dos de la couverture, la dernière page. Dans un vrai livre, on ne « compte » pas la couverture.

Les étapes

1 Déterminez le nombre de pages de votre livre.

Livre de 8 pages

Il est composé de deux doubles pages recto verso, fixées ensemble par une couture centrale (schéma 1). C'est le cas des livres : *Premières découvertes, L'album de bébé, Pomme de reinette et pomme d'Api* et *Bonne nuit.*

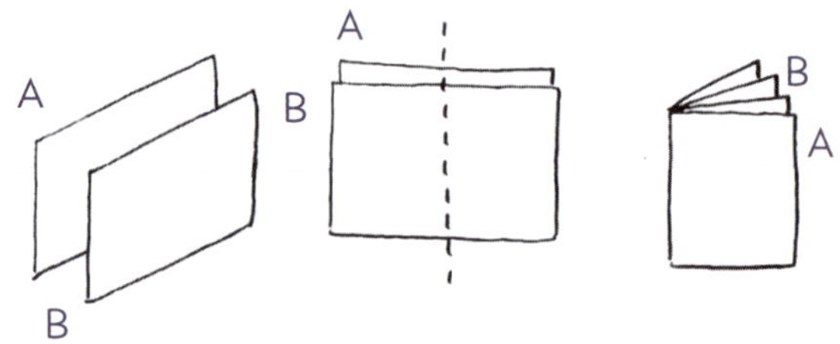

❶

Livre de 10 pages

Ce type de livre est un peu plus compliqué à réaliser. Il est composé de deux doubles pages et d'une page simple recto verso, fixées ensemble par deux coutures centrales. Ces deux coutures forment ainsi une tranche qui sert à fixer la page simple en sandwich entre les deux doubles pages (schéma 2). Dans la conception, il faudra penser à cette partie centrale qui fait généralement 2 cm de large et permet de cacher les marges de couture de la page simple. *Ma petite maison* est un livre de 10 pages.

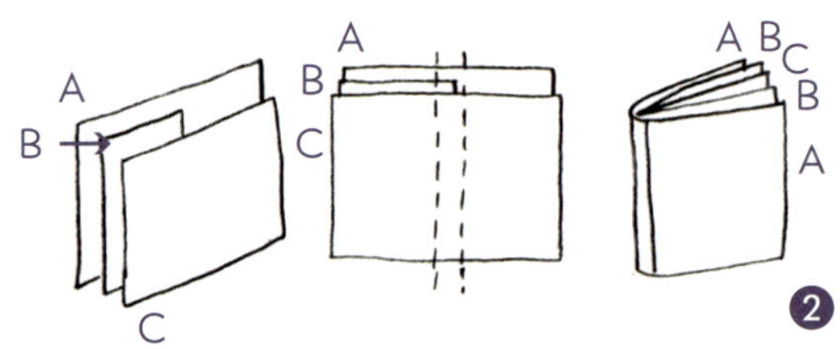

❷

Livre de 12 pages

Il se construit comme un livre de 8 pages mais avec cette fois trois doubles pages recto verso, fixées ensemble par une couture centrale. Étant donné l'épaisseur des trois doubles pages, il est généralement nécessaire de les coudre à la main. Le livre *Méli-mélo* est composé de 12 pages.

2 Dessinez le chemin de fer de votre livre.

Indiquez sur votre chemin de fer (voir lexique), ce qu'il va se passer sur chaque page ainsi que la pagination (schéma 3).

❸

3 Dessinez le schéma de montage de votre livre.

Une fois le chemin de fer établi, vous pouvez faire le schéma de montage du livre (voir lexique) et déterminer quelle page va être cousue avec quelle autre. Les pages apparaitront dans l'ordre du chemin de fer qu'une fois la couture finale terminée :

Livre de 8 pages (schéma 4)

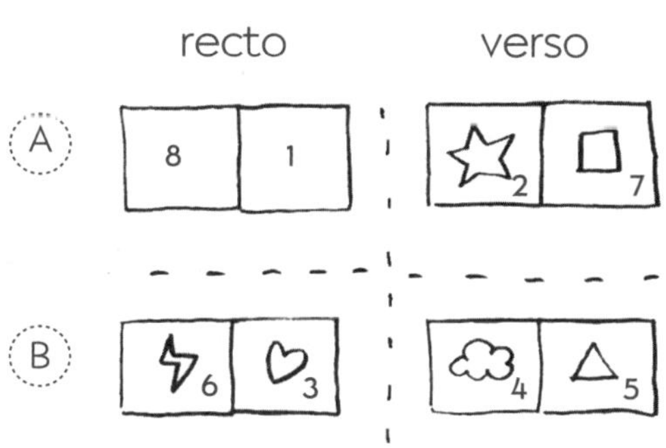

❹

Livre de 10 pages (schéma 5)

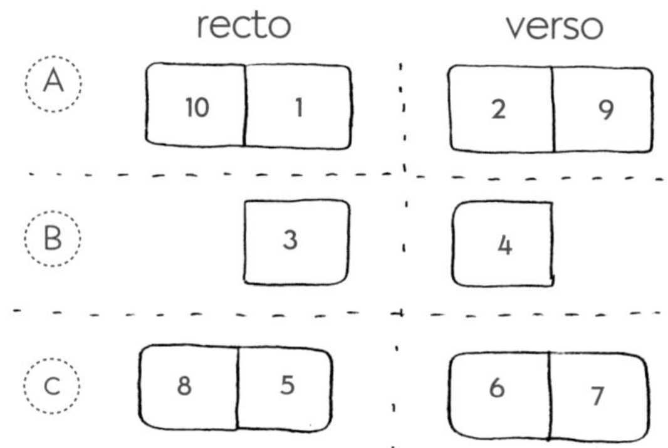

❺

Livre de 12 pages (schéma 6)

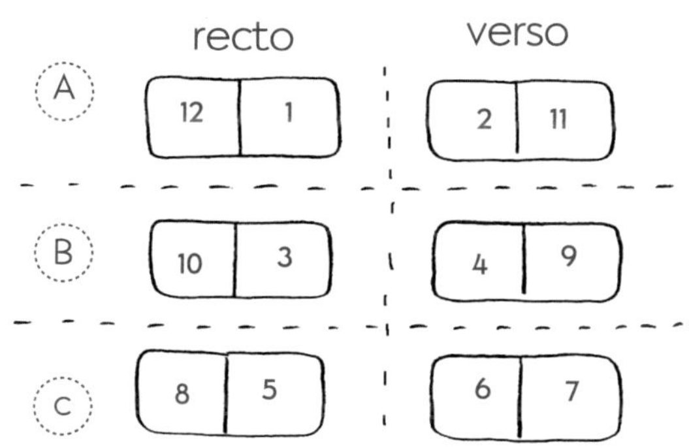

❻

4 Choisissez le format de votre livre.

Classique : portrait, paysage ou carré (schéma 5)

La forme carrée est plus facile pour débuter car longueur et largeur

❼

étant identiques, cela limite les erreurs.

...ou plus original (schéma 8)

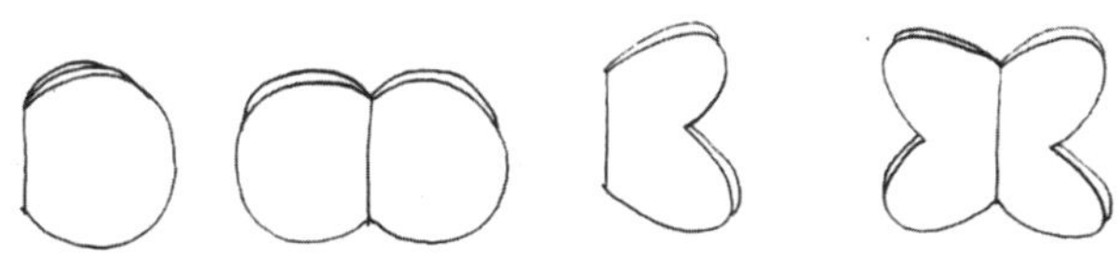

❽

Toutes les découpes sont possibles, mais il est nécessaire de faire un patron afin que la forme soit identique d'une page à l'autre (voir *Pomme de reinette et pomme d'Api* et *Ma petite maison*).

Marge de coutures

Il faut prévoir une marge de couture de 1 cm tout autour de chaque page (schéma 9) .

9

Il faut également prendre en compte l'épaisseur du livre terminé, en ajoutant 2 cm supplémentaires à la largeur totale de la double A (1 cm par simple page) voir schéma 10. Ainsi toutes les pages du livre sembleront de la même taille une fois le livre fermé, ce qui ne serait pas le cas sans cet ajustement au niveau de la couverture.

10

5 *Déterminez le type de fermeture*

Si vous souhaitez ajouter une fermeture à votre livre, il est nécessaire de penser à son intégration au moment de réaliser la double A. Il existe plein de possibilités, reportez-vous aux explications des livres : velcro (*L'album de bébé*), lien (*Ma petite maison*), bouton (*Méli-mélo*).

Astuces couture

Matériel

- ***Machine à coudre***
- ***Épingles***
- ***Aiguilles***
- ***Décou’vite***
- ***Mètre-ruban***
- ***Craie pour tissu***
- ***Crayon de papier ou critérium***
- ***Ciseaux***
- ***Règle de 50 cm***
- ***Équerre***
- ***Fer à repasser***

Les matières

Vous pouvez utiliser toutes sortes de tissu (toile cirée, éponge, satin, feutrine etc.), les enfants adorent les matières différentes. Mais idéalement, un livre doit pouvoir se laver à la main. Pensez à vérifier que le tissu choisi ne dégorge pas en frottant un coton-tige humecté d'eau chaude sur l'envers : si la couleur se retrouve sur le coton, il risque de déteindre. Dans ce cas, lavez-le à l'eau froide savonneuse additionnée d'une tasse de vinaigre et de gros sel. Il est également recommandé de laver les tissus avant de les coudre, afin d'anticiper les éventuels problèmes de rétrécissement au lavage.

Les fils à coudre

Le choix des couleurs est presque aussi important que celui des tissus. Pour un joli rendu (notamment des appliqués au point zigzag), il faut assortir la couleur du fil à celle du tissu. Elle peut être identique au tissu afin qu'on ne distingue plus le bord, légèrement plus claire ou plus foncée pour surligner le dessin ou bien très différente pour ajouter des détails.

Les points

Le point arrière

Travaillez de gauche à droite en piquant votre aiguille dans le tissu et en la faisant ressortir 3 ou 4 mm plus loin. Repiquez votre aiguille à la fin du point précédent. Continuez ainsi de suite. Ce point est utile lorsque les tracés sont difficiles à suivre à la machine à coudre (petites pièces de feutrine, visages etc.)

Le point glissé

Ce point quasi invisible sert à assembler deux pièces de tissu. Sortez l'aiguille de la pliure de votre première pièce de tissu (appliqué, marge de couture d'une ouverture) et piquez-la sur le tissu du dessous, au ras de la pliure. Ressortez votre aiguille 2 fils de trame plus loin et repiquez-la dans la pliure. Faites-la ressortir 5 mm plus loin et repiquez-la dans le tissu du dessous. Continuez ainsi de suite.

Crantez les marges de couture (réserve)

Crantez les angles et les courbes en découpant des encoches en V dans la réserve, à 1 ou 2 mm de la piqûre.

Coudre des appliqués de tissu

Au point zigzag

Ce point se réalise à la machine à coudre : si vous n'avez pas l'habitude entrainez-vous sur des chutes de tissu pour gagner en précision. Découpez la pièce de tissu à appliquer en suivant le tracé, sans marge de couture. Épinglez-la sur votre support en plaçant les épingles au centre et en évitant les bords. Réglez votre machine sur un point serré, faites des essais pour déterminer le bon réglage : trop serré l'aiguille n'avance pas, trop lâche le rendu est moins joli. Piquez au point zigzag les contours de la pièce à appliquer. L'idéal est de ne plus distinguer les bords, et que le point forme un contour net. Pour le satin, le vinyl ou le PVC, il faut faire des essais car ces matières ont tendance à glisser.

À la main

Les appliqués de tissu de cet ouvrage ont été réalisés au point zigzag. Si vous éprouvez des difficultés à suivre à la machine le contour des pièces à appliquer, vous pouvez le faire à la main.
Sur les contours droits, découpez la pièce de tissu à appliquer en ajoutant 3 à 4 mm de marge par rapport au tracé. Faites un rentré de 3 ou 4 mm sur tout le pourtour de la pièce. Épinglez-la sur votre support et bâtissez tout le pourtour pour la maintenir ; ôtez les épingles et cousez les bords à points glissés.
Pour les pièces arrondies, pliez en deux endroit contre endroit, votre tissu à appliquer. Reportez dessus le patron et piquez au point droit le long du tracé en laissant une ouverture. Découpez en ménageant une réserve de 3 à 4 mm autour de la piqûre, crantez les angles et les courbes. Retournez sur l'endroit et fermez l'ouverture à points glissés. Épinglez la pièce à appliquer sur votre support et bâtissez tout le pourtour pour la maintenir. Ôtez les épingles et cousez les bords à points glissés.

Coudre des appliqués de feutrine ou velcro

Découpez la pièce de feutrine à appliquer en suivant le tracé, sans marge de couture. Épinglez-la sur votre support en plaçant les épingles au centre et en évitant les bords. Piquez-la au point droit à 3 mm du bord si vous utilisez une machine à coudre, ou cousez-la au point arrière. Si les pièces sont particulièrement petites (velcro, nez et joues en feutrine), actionnez manuellement la machine.

Le mot de l'auteur

J'espère que vous aurez autant de plaisir que moi à réaliser ces livres ! N'hésitez pas à les personnaliser à votre goût ! Rien ne me ferait plus plaisir que vous donner l'envie et l'inspiration de vous lancer dans la conception de vos propres livres en tissu… Je me fais également une joie d'imaginer ces créations dans les mains des enfants à qui vous les offrirez, j'espère qu'ils leurs plairont !

Lisa Sanchís

http://lisa-s-factory.blogspot.com/

Bonnes adresses

Tissus sur Paris :

- IE boutique 128 rue vieille du temple / 75003 Paris
- Marché Saint Pierre – Dreyfus 2 rue Charles Nodier / 75018 Paris
- Tissus Reine 5 place Saint Pierre / 75018 Paris
- Moline Mercerie 2, 4, 6 rue de Livingstone / 75018 Paris
- Petit Pan 39 rue François Miron / 75004 Paris
- Anna Ka Bazaar 17 rue Jean Beausire /75004 Paris.

Tissus sur le net :

www.annakabazaar.com
www.petitpan.com
www.motifpersonnel.com

Impressions sur tissu :

www.spoonflower.com
www.motifpersonnel.com

Accessoires :

www.magicalement.fr
(couineur du livre *Pomme de reinette et pomme d'Api*)

Remerciements de l'auteur

Julie et Chloé ; Julie, Marc, Olivia, Léo, Nadine, Stéphane, Mathieu, Anaëlle, Coralie, Danièle, Gérald, Aymeric, Magali, Albane, Maëlle et Fiona ; Benoît, Isabelle, Norbert et Marguerite.

L'éditeur

tient à remercier

les deux familles qui ont très gentiment accueilli toute l'équipe dans leurs appartements ! Mention spéciale aux mamans qui ont fait preuve de beaucoup de patience…
Merci aux petits mannequins : Jami, Nils, Victor et sa maman Alice ;
ainsi que tous ceux qui apparaissent dans le livre : Julie, Marc, Olivia, Léo, Mathieu, Anaëlle, Coralie sans oublier Fiona et Potiron la chienne et le chat !!

La styliste

tient également à remercier :

- Sajou www.sajou.fr
- Anna Ka Bazaar www.annakabazar.com
- Muskhane www.muskhane.com
- Lalé www.lale.fr
- Djeco www.djeco.com
- Easy Peasy www.easypeasy.fr
- Zolima www.zolima.com
- Sergent Major www.sergent-major.com

Direction éditoriale : Guillaume Pô
Édition : Julie Cot
Direction artistique : Chloé Eve
Photographies : Régis Baudonnet
Stylisme : Sylvie Beauregard
Illustrations : Lisa Sanchís
Mise en page : Sara Princé
Fabrication : Aurélie Lacombe

www.fleuruseditions.com
Dépôt légal : avril 2012
ISBN : 978-2-8125-0082-4
MDS : 76146
Photogravure : Amalthéa
N° d'édition : M12054
Imprimé en Espagne
par Graficas Estella